Dr. Peter Niehenke

Astrologie Fernlehrgang "Online-Fernkurs 'Im Spiegel des Horoskops'"
Begleitskripte – Lehrhefte 3 und 4

http://www.astrologiezentrum.de

https://dialog.vonabisw.de
https://btarnas.vonabisw.de
http://www.astrologiedhs.de
https://astrologieimgespraech.vonabisw.de
http://btgi.vonabisw.de
https://astrologieseminar.vonabisw.de

Kontakt:

Volker H. Schendel
Kleiststr. 45
D-30916 Isernhagen

Verlag
BoD - Books on Demand, Norderstedt

ISBN 9783748191223

Inhaltsverzeichnis

(Die mit * gekennzeichneten Kapitel sind nur für Teilnehmer
an der Berufsausbildung obligatorisch)

Liebe Kursteilneh[...]
Lieber Kursteilneh[...]

Dieses Lehrheft des Fernkurses hat einen etwas anderen Aufbau, als Sie es gewohnt sind. Es beinhaltet, anders als die *den Kurs begleitenden* Lehrhefte, praktisch ausschließlich Informationen, die den auf den Cassetten vermittelten Stoff *ergänzen*.

Zu Beginn finden Sie, wie gewohnt, eine Liste der von mir empfohlenen Literatur zu der im Kurs behandelten Thematik. Sie ist in drei Gruppen zusammengefaßt: Literatur aus der Gruppe A sollten Sie als einen Bestandteil dieses Kurses betrachten und parallel zum Hören des Kurses lesen. Sowohl bei den Fragen zur Selbstkontrolle ("Kenntnistest"), die Sie in jedem Lehrheft finden, als auch bei der von Ihrem Betreuer zu korrigierenden "Prüfungsarbeit" wird die Kenntnis der Inhalte dieser Literatur vorausgesetzt. Diese Literatur dient der Vertiefung Ihres Wissens durch die Auseinandersetzung mit einer anderen Perspektive (derjenigen des jeweiligen Autors nämlich).

Literatur aus der Gruppe B sollten Teilnehmer an der Berufsausbildung als obligatorisch betrachten. Sie ist anspruchsvoller, was die Tiefe der Auseinandersetzung mit dem jeweiligen Stoff angeht.

In der Gruppe C schließlich finden Sie weitere von mir empfohlene Literatur zu Ihrer Orientierung im Falle eines weitergehenden Interesses.

Die von mir im Kurs zitierte Literatur (sei es auf den Cassetten oder im Lehrheft selbst) finden Sie in einer Literaturliste am Schluß des Lehrheftes. Diese Liste soll Ihnen helfen, die mit der Astrologie zusammenhängenden Wissensgebiete durch eigenes Quellenstudium zu vertiefen, wenn Sie dies möchten.

Sollten Sie sich die Literatur aus der Gruppe A oder B nicht selbst anschaffen können oder wollen, dann haben Sie die Möglichkeit, sich die entsprechenden Bücher aus der Leihbibliothek des Deutschen Astrologen-Verbandes zu entleihen, sofern Sie Mitglied sind (was ich Ihnen schon aus Gründen der Ersparnis von Kursgebühren nur empfehlen kann). Sollte es dort Engpässe geben (oder sollten Sie kein DAV-Mitglied sein), sind die Bücher auch bei mir entleihbar (zu den gleichen Leihbedingungen wie beim DAV).

Die "Prüfungsarbeit" erhalten Sie in einigen Wochen gesondert zugeschickt.

Ich wünsche Ihnen nun Freude und Erfolg beim Durcharbeiten dieses Kurses.

Die Blätter in diesem Lehrheft sind wiederum mit Absicht nur von einer Seite beschriftet. Auf der leeren linken Seite haben Sie auf diese Weise Platz für Notizen zum Text und zu den Cassetten.

Liste der empfohlenen Literatur

Gruppe A

Ring, Thomas: Astrologische Menschenkunde, Bd. I (ab S. 245) und Bd. III (Abschnitt über die Aspekte)

Klöckler, Freiherr von: Kursus der Astrologie, Bd. II: Grundlagen für die astrologische Deutung. Berlin: Ansata-Verlag 1952 (speziell S. 47 - 52, S. 143 - 160 und S. 213ff.)

Gruppe B

Marks, Tracy: Schwierige Aspekte - Herausforderungen und Chancen. Hamburg: Hier & Jetzt - Verlag 1987

Arroyo, Stephen: Astrologie, Karma und Transformation. Die Chancen schwieriger Aspekte. München: Hugendubel 1981

Gruppe C

Addey, John: Harmonics in Astrology. Wisconsin (USA): Cambridge Circle 1977

Capra, Fritjof: Das neue Denken. München: Scherz-Verlag 1987

Gauquelin, M.: Die Wahrheit der Astrologie. Freiburg: Aurum 1987

Hirschberger, J.: Geschichte der Philosophie. Freiburg: Herder 1991

Lundsted, Betty: Astrologische Aspekte - Ihre weibliche und männliche Seite. München: Knaur 1988 (Als zusätzliche Anregung. Nur eingeschränkt empfehlenswert.)

Aufgaben zu den einzelnen Kursteilen (Cassetten)

Bitte lösen Sie unbedingt die hier zu den jeweiligen Cassetten angegebenen "Hausaufgaben" (ab Cassette 3), *bevor* Sie die darauffolgende Cassette anhören.

Das Anhören der Cassetten allein (ohne die eigene Auseinandersetzung mit einem Deutungsversuch) reduziert den Lernerfolg auf ein Minimum!

Die Aufgaben:

zu Cassette 4	Merkur im Zeichen Skorpion in Feld 12.
zu Cassette 5	Jupiter in Feld 5 im **Trigon** zu Neptun in Feld 9
zu Cassette 6	Die Konstellation von Aufgabe 5, ergänzt um ein **Trigon zu Saturn in Feld 1**. Es handelt sich also um ein sog. "durchlaufendes Trigon".

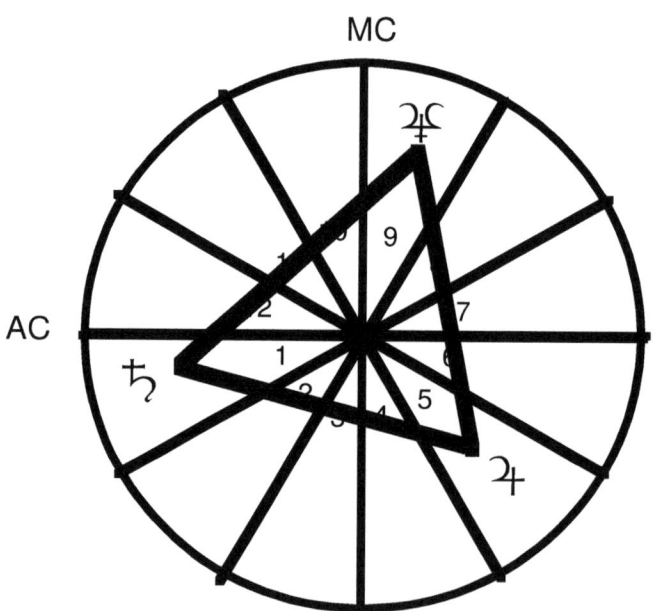

Kapitel 1

Wellen

Um den Ausführungen in diesem Lehrheft in vollem Umfang folgen zu können, ist es notwendig, ein Basiswissen über ein Naturphänomen zu haben, das die Wissenschaftler Wellen nennen. Diejenigen Leser, die dabei nicht auf Wissen aus der Schulzeit zurückgreifen können, möchte ich hier mit den wichtigsten Grundlagen kurz vertraut machen.

Wellen kennen Sie zunächst vom Meer. Die Wellen auf der Meeresoberfläche sind sehr unregelmäßig. Wenn Sie dagegen einen kleinen Stein in ein Wasser mit spiegelglatter Oberfläche werfen, dann bilden sich sehr regelmäßige konzentrische Kreise aus Wellen um den Eintauchpunkt herum. Nur mit solchen regelmäßigen Wellen werden wir uns beschäftigen (genauer: mit sog. *Sinuswellen*).

Wenn Sie einen Querschnitt durch die Wasseroberfläche machen würden oder wenn die Wellen am Rand auf eine Glasplatte treffen würden, dann böte sich Ihnen vereinfacht folgendes Bild:

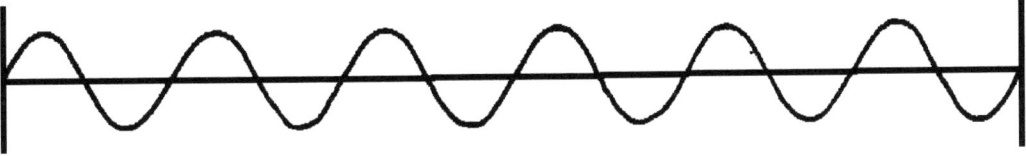

Dieses Bild eignet sich zur Darstellung vieler periodischer Vorgänge in unserem Leben. Stellen Sie sich z. B. vor, auf der senkrechten Achse würde man die Menge an Luft in Ihrer Lunge auftragen, auf der waagerechten Achse die Zeit, dann würde, wenn man die Menge Luft in Ihrer Lunge über die Zeit hinweg in dieses Koordinatensystem eintragen würde, durch den Atemrhythmus auch ein ähnliches Muster entstehen.

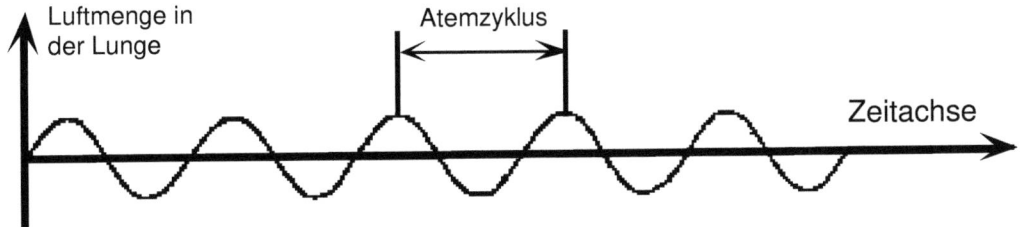

Würden Sie ein sehr feines Meßinstrument an eine Stimmgabel anschließen, das die Bewegung der Stimmgabel über die Zeit hinweg aufzeichnet

5

(das Hin- und Herschwingen), bekämen Sie wiederum ein ähnliches Muster, allerdings viel dichter, denn ein Atemzyklus dauert vielleicht 3 Sekunden, ein Schwingungszyklus der Stimmgabel vielleicht nur etwas mehr als eine tausendstel Sekunde.

Wellen können sich also hinsichtlich ihrer Länge unterscheiden. Schwingungen mit einer Länge, die eine Stimmgabel erzeugt, können wir *hören*, andere Schwingungen, die allerdings sehr viel kürzer sind, kann man *sehen* (Licht) oder *spüren* (Wärme).

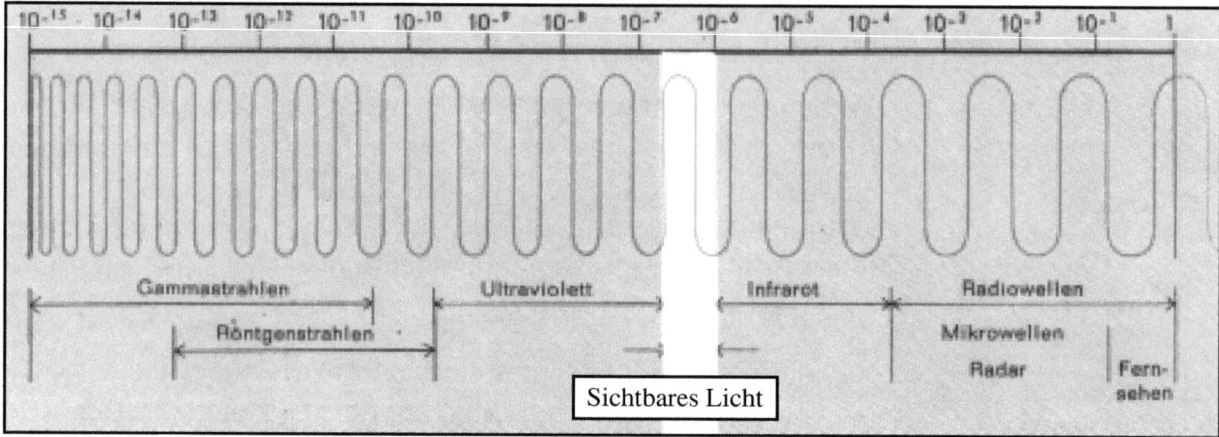

Der Bereich der Strahlung

Dieses Abbild zeigt das elektromagnetische Spektrum von den kurzen Gammastrahlen bis zu den langen Radiowellen. Alle Strahlungsenergie wird von elektromagnetischen Wellen mit Lichtgeschwindigkeit übertragen. Obwohl wir einige der Strahlen als Wärme empfinden und andere als Licht sehen, unterscheiden sie sich grundsätzlich nur in der Wellenlänge, die hier in Metern angegeben ist.

Wenn ich die Schwingungen der Saite eines Instrumentes aufzeichne, ergibt sich ebenfalls ein solches Bild. Wenn ich nun die Saite halbiere, dann schwingen die beiden restlichen Teile, die dann halb so lang sind, doppelt so schnell. In eine Schwingung der ganzen Saite passen also genau zwei Schwingungen der beiden halben Saiten.

Frequenz Die beiden Töne, die dabei entstehen, „klingen zusammen"; man nennt den Ton, der schneller schwingt, den höheren Ton, er hat eine höhere *Frequenz* [1]. Wenn er doppelt so schnell schwingt, ist er genau eine *Oktave* höher. Teile ich die Saite im Verhältnis drei zu eins, dann passen drei Schwingungen der ganzen Saite auf vier Schwingungen des Teilstücks der Saite.

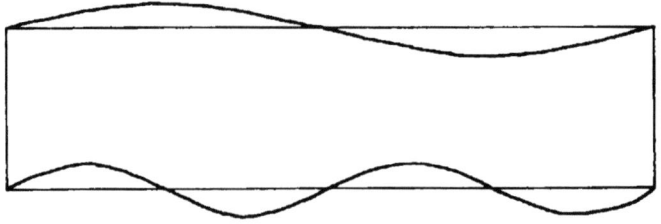

1. Frequenz = Schwingungen pro Sekunden

Konsonanz | Auch diese beiden Töne klingen gut zusammen, sie sind *konsonant* [2]. Die Pythagoreer (siehe das nächste Kapitel) entdeckten nun, das zwei Töne, die aus einer *ganzzahligen* Teilung einer Saite entstehen, immer gut zusammen klingen. Das kommt daher, weil sich die beiden entstehenden Wellen immer wieder „treffen" (nach zwei, drei, vier ... Schwingungen fangen beide Wellen wieder gemeinsam bei Null an).

Wenn zwei Zyklen einer Welle einem Zyklus der längeren Welle entsprechen, nennt man die kürzere Welle die erste Harmonie, bei drei Zyklen die zweite Harmonie und so fort [3].

Astrologen beschäftigen sich besonders mit Bewegungszyklen von Planeten. Ein solcher Zyklus ist durch einen Kreis darstellbar, weil der Planet nach einer gewissen Zeit immer an seinen Ursprungsort (gemessen auf der Ekliptik) zurückkehrt. Der Wellenzyklus wird in einem solchen Fall nicht in Zeit gemessen (wie oben, z. B. Schwingungen *pro Sekunde*), sondern in Grad. Und bei einem Kreis ist die Länge des Zyklus genau 360 Grad.

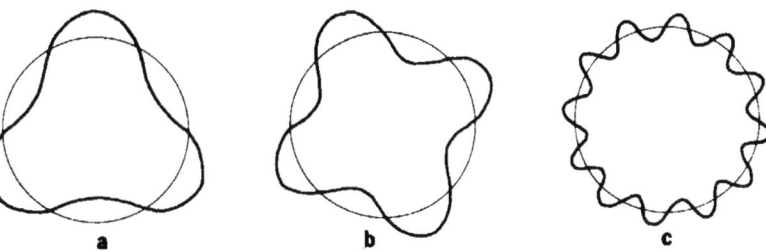

a   b   c

Amplitude | Ein zweiter wichtiger Begriff neben der Wellen*länge* und der damit korrespondierenden *Frequenz* ist die *Amplitude* einer Welle, das ist die Größe der Abweichung von der Mittellinie (bei einer Saite ist dies die Ruhelage) dieser Welle.

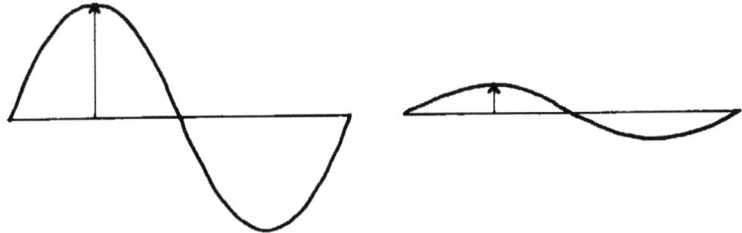

Tonhöhe Lautstärke | Bei der Saite eines Musikinstruments sagt die Anzahl der Schwingungen etwas über die *Höhe* des Tones, die Größe der Amplitude (also wie *weit* die Saite in beide Richtungen ausgelenkt wird beim Schwingen) etwas über die *Lautstärke* des entstehenden Tones.

2. Konsonanz (lat.) = Zusammenklang (Wohlklang)

3. In Anlehnung an John Addey (siehe Kapitel 4) zählen wir hier die Harmonie aus Gründen der Einfachheit anders: Die Teilung einer Welle durch 1 nennen wir die erste Harmonie (also die Welle selbst), durch 2 die zweite Harmonie usw.

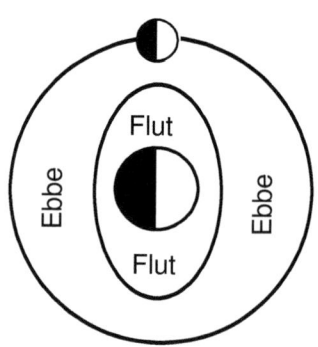

Wir wollen nun einen Spezialfall solcher zyklischer Abläufe, solcher *Schwingungen*, am Beispiel von Ebbe und Flut kennenlernen:
Wenn Sie die Höhe der Flut messen, werden Sie feststellen, daß der Zyklus abhängt vom Umlauf des Mondes. Wenn der Mond im Zenit steht, ist Flut, wenn er gerade aufgeht oder untergeht, ist Ebbe. Das hängt damit zusammen, daß die Flut dadurch entsteht, daß der Mond durch seine Anziehungskraft auf die Wasser der Meere auf der ihm zugewandten Seite und der Gegenseite der Erdoberfläche einen Wellenberg auftürmt.[4]
Würde Ebbe und Flut nur vom Mond abhängen, ergäbe sich für einen Punkt an irgendeiner Küste folgendes Bild.

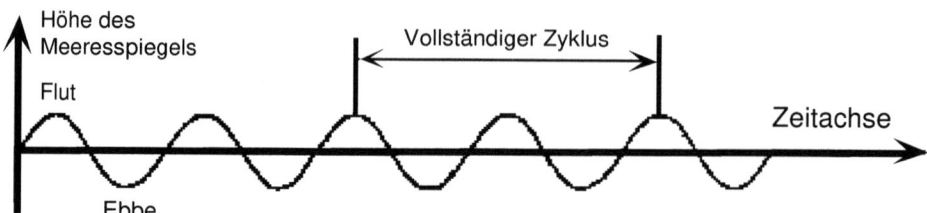

Doch Ebbe und Flut hängen nicht allein vom Mond, sondern (abgesehen von geographischen Besonderheiten der jeweiligen Region) von der Stellung von Sonne und Mond gemeinsam ab. Dabei hat übrigens der kleine Mond den größten Einfluß, weil er ganz nah ist, die große Sonne hat trotz ihrer riesigen Anziehungskraft einen kleineren Einfluß, weil sie im Vergleich zum Mond so unendlich weit weg ist.[5]

Überlagerung von Zyklen

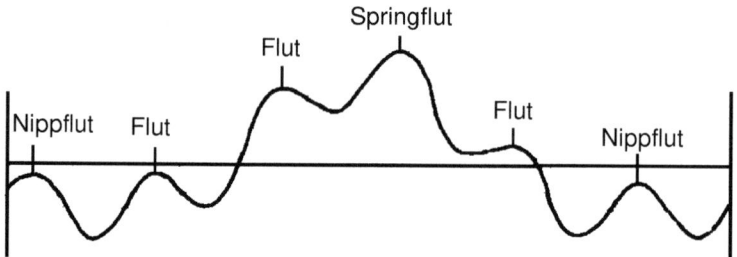

Für die Stellung der Sonne ergibt sich also ein eigener Zyklus mit geringerer Amplitude (weil die Größe der Kraft der größeren Entfernung wegen kleiner ist), und die tatsächliche Höhe der Flut ergibt sich aus der Übereinanderlagerung beider Zyklen. (Zur „Addition von Wellen" siehe das Schaubild auf der nächsten Seite). Das Abbild hier ist stark übertrieben. Die Höhe des Meeresspiegels schwankt also zum einen im Rhythmus des Mondumlaufs (Wellenlinie) und die höchste Stelle jedes Wellenberges

4. In der Skizze hier ist der Wellenberg des Wassers übertrieben hervorgehoben. Der Wellenberg auf der Seite des Mondes und der ihm direkt gegenüberliegenden Seite verursacht an beiden anderen Seiten „Wassermangel", daher ist dort Ebbe. - Schüler fragen oft, warum es auf der dem Mond entgegengesetzten Seite einen Wellenberg gibt. Wenn es Ihnen wichtig ist, diesen etwas komplizierteren Umstand genau zu verstehen, fragen Sie bitte anläßlich des kommenden Seminar nars nach: Wir zeigen Ihnen dann einen erläuternden Videofilm.

5. Die Schwerkraft nimmt ab im Quadrat zur Entfernung, d.h. wenn der Mond den 10fachen Abstand zur Erde hätte, wäre die Größe seiner Anziehungskraft auf die Wassermassen der Meere nur noch 1/100 der jetzigen Anziehungskraft.

(die Höhe der Flut) schwankt wiederum zyklisch in Abhängigkeit von der Stellung von Sonne und Mond im Tierkreis: Bei Neumond, der Konjunktion von Sonne und Mond, oder Vollmond, einer Opposition von Sonne und Mond, addieren sich beide Effekte zur „Springflut"; im ersten und letzten Viertel heben sich beide Effekte zu einem gewissen Teil auf, daher die sog. „Nippflut".

Springflut

Nippflut

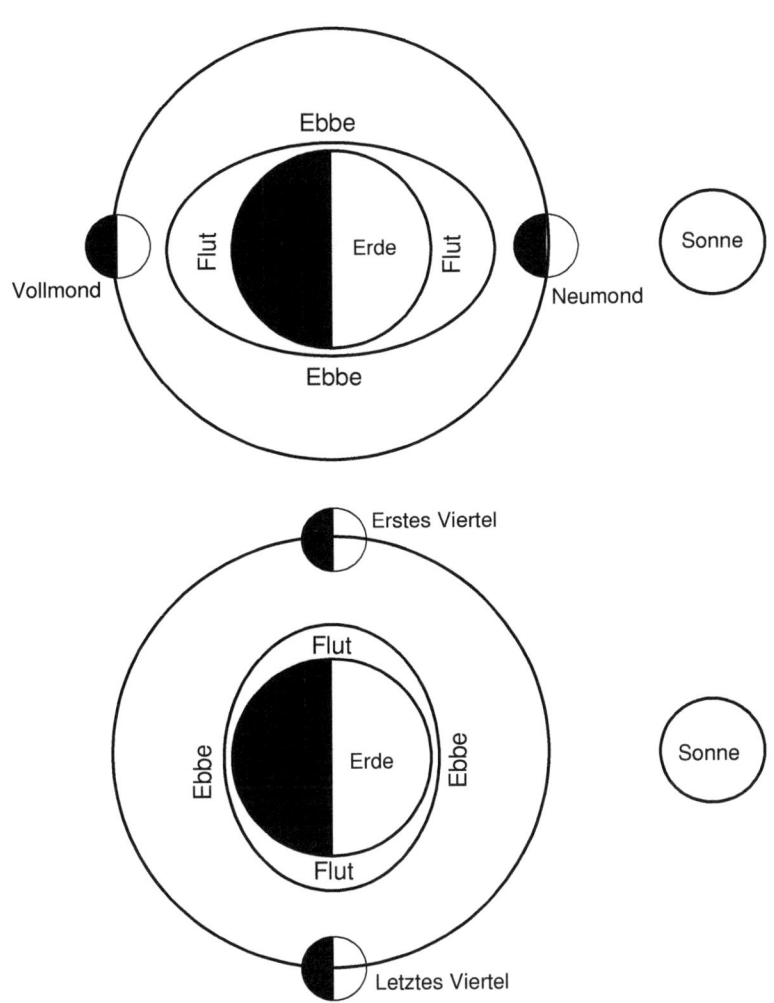

Wie man, ganz allgemein, die Effekte zweier zyklisch verlaufender Änderungen (zweier Wellen) miteinander kombiniert zeigt untenstehendes Abbild einer „Addition von Wellen".

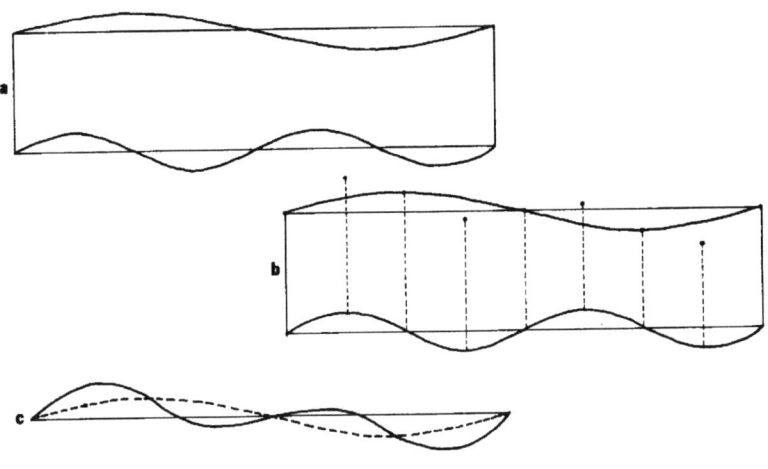

Wellen sind also zyklische Schwankungen bestimmter Größen (des Wasserstandes bei Wellen im Wasser, Abstand von der Ruhelage bei einer schwingenden Saite, Höhe des Meeresspiegels bei den Gezeiten, Luftmenge in der Lunge usw.). Diese Schwankungen beziehen sich meistens auf die Zeit (Schwingungen pro Sekunde). Doch sie können sich auch auf den Ort beziehen (die Stellung des Mondes im täglichen Lauf bei den Gezeiten).

Letzteres Beispiel ist für Astrologen besonders interessant. Die Frage ist, ob es in *Abhängigkeit von der Stellung des Mondes im Tageslauf (oder auch anderer Himmelskörper)* noch weitere zyklisch verlaufende Schwankungen in der Natur gibt. Und dies ist tatsächlich der Fall.

Zyklisches Schwanken von Mengen

Das Forscherpaar **Françoise** und **Michel Gauquelin** hat in Studien auf der Grundlage von vielen tausend Horoskopen solche Schwankungen in Abhängigkeit von der Stellung von Planeten im Moment der Geburt festgestellt. Sie stellten fest, daß die Stellung des Mars in den Horoskopen sehr erfolgreicher Sportler (Champions) nicht gleichmäßig über den ganzen Tag verteilt ist, sondern daß bei diesen Horoskopen Mars viel häufiger in der Nähe von Aszendent, MC, Deszendent oder IC anzutreffen ist, in den anderen Abschnitten (Feldern) des Horoskops dagegen seltener. Wir haben hier also ein zyklisches Schwanken von *Mengen*.

Die **Gauquelins** unterteilten den Kreis (Aufgang, Kulmination, Untergang und untere Kulmination) in 36 Abschnitte zu zehn Grad und zählten aus, wie oft Mars bei der untersuchten Berufsgruppe in den verschiedenen Abschnitten stand. Für 3046 Sport-Champions sah die Verteilung so aus:

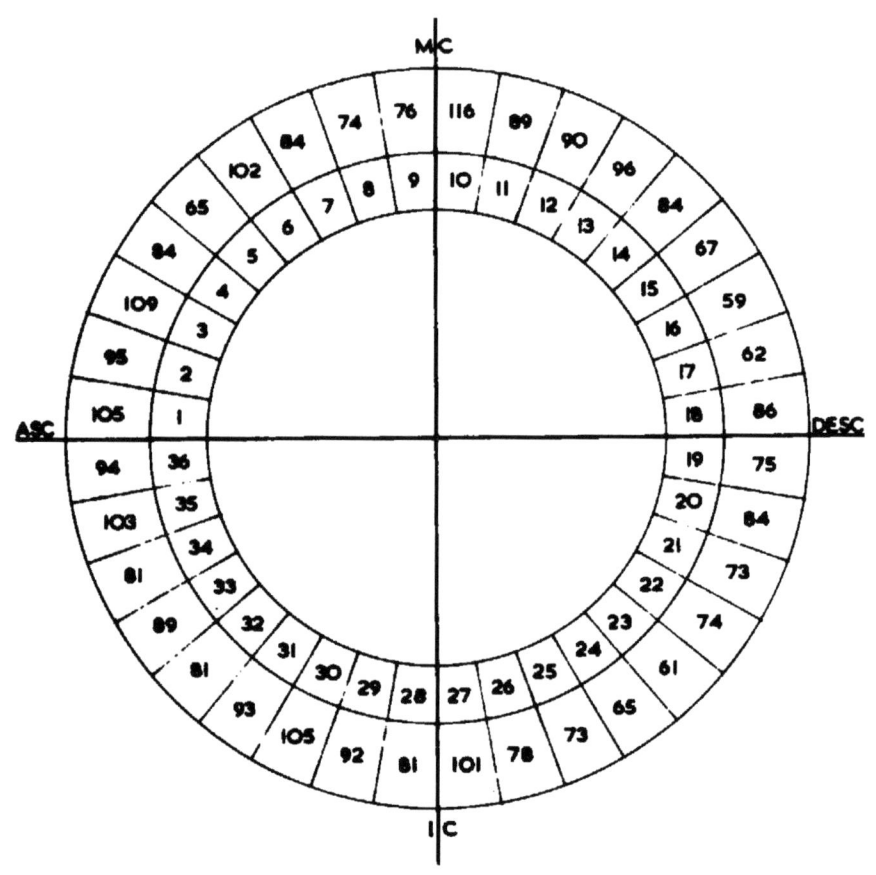

In jedem der 36 Abschnitte müßte Mars, wäre es eine *zufällige* Verteilung, gleich oft aufreten, nämlich 3046/36 ≈ 85mal. Wenn wir diese Zahl von etwa 85 als *Mittellinie* einer Welle nehmen, dann stellt die Welle die Abweichungen der tatsächlichen Zahl von der durchschnittlich zu erwartenden Zahl (in Abhängigkeit von der Stellung des Mars im täglichen Lauf) dar. Dabei ergibt sich folgendes Bild:

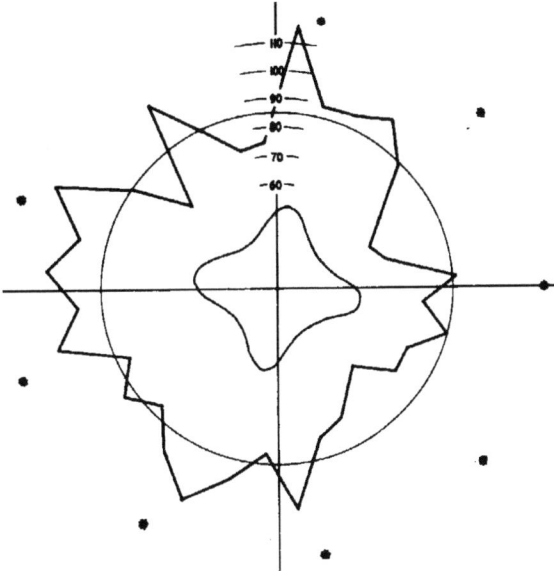

Im Inneren der Zeichnung sehen Sie eine durch „Glätten" aus dieser Zick-Zack-Kurve entstandenen „Welle", die jetzt zyklische Schwankungen von *Mengen* darstellt.

Kapitel 2

Einige philosophische Bemerkungen über Materie, Form und Zahl

Der griechische Philosoph **Pythagoras** lebte im 6. vorchristlichen Jahrhundert und lehrte, daß *Zahl* und *Form* „Urgrund" (*Arche*) allen Seins seien. (Einige von Ihnen erinnern sich vielleicht noch aus der Schulzeit an einen vom ihm stammenden Lehrsatz der Geometrie.) So wie **Demokrit** etwa 100 Jahre später postuliert, daß alles Materielle sich zurückführen läßt auf kleinste, nicht mehr weiter teilbare Bausteinchen, die er „Atome" nennt (Atom = das Unteilbare), geht für **Pythagoras** das Materielle aus etwas vollständig Immateriellem hervor. Dieses „Hervorgehen" darf man allerdings nicht so verstehen, daß Materie letztlich nur Zahl sei, sondern in dem Sinn, daß die Zahl das der Materie zugrundeliegende „Prinzip" ist (siehe unten).

Das kleinste Sonnensystem

Das Bohr'sche Atommodell

Der 1962 verstorbene dänische Physiker **Niels Bohr** dachte sich das Atom als winziges Sonnensystem, in dem Elektronen auf festen Kreisbahnen um einen Kern wirbeln. Der deutsche Physiker **Arnold Sommerfeld** schlug Elipsenbahnen vor, wie sie hier an den Modellen dreier bekannter Elemente gezeigt werden. Obwohl neuere Auffassungen über das Atomgitter verwickelter sind, gilt die Bohr-Sommerfeld-Theorie jedoch auch heute noch als einfaches, brauchbares Modell

Elektron
Kern

Wasserstoffatom

Heliumatom

Heliumatom

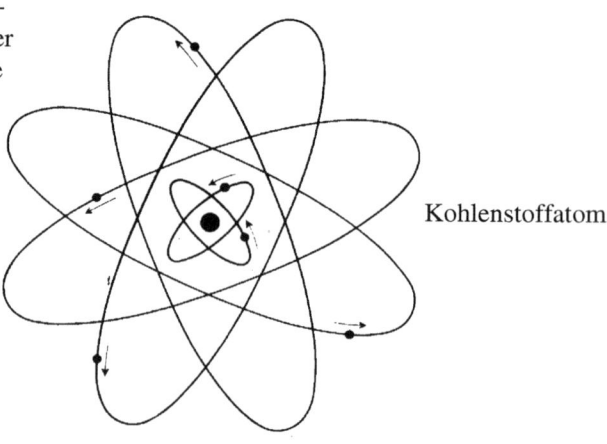

Kohlenstoffatom

Unserem modernen Alltagsdenken ist **Demokrit** näher, und die moderne naturwissenschaftliche Forschung hat ihm zunächst wohl auch Recht gegeben: Materie besteht aus Atomen.[6] Es ist für uns zunächst ja auch schwer

---

6. Diese sind zwar nicht, wie **Demokrit** glaubte, unteilbar, aber die Atome selbst bestehen wiederum aus Teilchen, den Protonen, Neutronen und Elektronen (man nennt sie die „Elementarteilchen"), und lange Zeit glaubte man, daß dies nun tatsächlich die kleinsten, unteilbaren Teilchen der Materie seien, also die eigentlichen „Atome" (Unteilbaren) im Sinne **Demokrits**

vorstellbar, daß *Materie* aus etwas „hervorgehen" sollte, was nicht selbst Materie ist, z. B. aus Zahlen. Zahlen, so würden wir sagen, helfen uns, materielle Objekte zusammenzufassen (Ordnung in die Vielzahl der Dinge zu bringen, denen wir in der Welt begegnen). Zahlen setzen etwas voraus, was gezählt wird (Dinge). Wenn Zahlen Dinge voraussetzen, können sie doch nicht den Dingen zugrundeliegen.

Gibt es einen „Urstoff"?

Die Frage, woraus die materielle Welt im letzten denn nun bestehe, hat nicht nur die Philosophen seit der Antike bewegt, sie bewegt, wie ich aus eigener Anschauung und aus eigener Erinnerung weiß, schon manche Schulkinder. Sie bewegte auch mich als 14jährigen Schüler sehr, der erstmals im Chemieunterricht mit dem Periodischen System der Elemente[7] und dem sog. **Bohr**'schen Atommodell (siehe Abbildung) in Kontakt kam. Ich weiß noch sehr genau, wie ich damals, sehr erregt, meinen Chemielehrer im Anschluß an die Unterrichtsstunde fragte, woraus denn nun die Protonen und Elektronen selbst bestehen würden, nachdem er uns erklärt hatte, daß alle Stoffe, die wir kennen, aus Atomen und diese wiederum aus Protonen, Neutronen und Elektronen bestünden. Die Frage war ja naheliegend. Mein Chemielehrer damals konnte es mir aber dennoch nicht erklären: Er sagte, diese Teilchen seien aus „Urstoff" (und ich spürte, daß da etwas nicht stimmen konnte). Heute finden die Physiker immer mehr immer kleinere Teilchen, aus denen die „kleinsten Teilchen" der Materie wiederum bestehen. Aber wie klein die Teilchen auch immer werden: Auch sie müssen doch, so unsere Vorstellung, aus irgendeinem *Stoff* bestehen.

Der Philosoph **Empedokles** (er lebte im 5. vorchristlichen Jahrhundert) glaubte, daß alle Materie sich auf vier Ursubstanzen zurückführen lasse, die vier Elemente Feuer, Wasser, Erde und Luft. Diese vier Ursubstanzen selbst seien unveränderbar und unvergänglich. Alles, was ist, entstehe aus ihnen durch Mischung und Trennung.

Platon, ein Schüler von **Sokrates** und beeinflußt von den pythagoreischen Lehren, verbindet einige Jahrzehnte später den pythagoreischen Gedanken, daß Urgrund allen Seins Zahl und Form seien, mit der Elementenlehre des **Empedokles** und postuliert, daß die vier Elemente, aus denen die gesamte sichtbare Welt zusammengesetzt sei, aus vier regulären *Polyedern*[8] hervorgingen:

7. Eine Anordnung der Elemente nach ihrem Atombau und ihren chemischen und physikalischen Eigenschaften. Stellt man alle Elemente nach steigender „Ordnungszahl" in eine Reihe, so folgen darin einander besonders ähnliche Elemente in bestimmten Abständen, den Perioden

8. Polyeder (griech.) = eine von Vielecken begrenzte geschlossene Fläche oder der von ihr begrenzte Körper.

Tetraeder

Das Element Feuer aus dem *Tetraeder* (4 Flächen)

Hexaeder

Das Element Erde aus dem *Hexaeder* oder Würfel (6 Flächen)

Octaeder

Das Element Luft aus dem *Octaeder* (8 Flächen)

Duodekaeder

Ikosaeder

Das Element Wasser aus dem *Ikosaeder* (20 Flächen)

Auch für **Platon** ist also die Grundlage der materiellen Welt etwas Immaterielles (geometrische Formen bzw. geometrische Körper).

Und heute, 2500 Jahre später, sind es die Physiker, deren Forschungsbereich ja gerade die materielle Welt ist, die uns belehren, daß dieser Gedanke die wahren Verhältnisse gar nicht so schlecht beschreibt. Heute können wir diesen Gedanken, daß das der Materie zugrundeliegende Prinzip die Zahl sei, nur bekräftigen. Schauen Sie einmal in ein Physikbuch hinein. Sie finden dort mathematische Formeln und Zahlen.

Der „mathematische Kern" der Naturgesetze

Der berühmte Physiker **Heisenberg** nennt es den „mathematischen Kern der Naturgesetze". Die materielle Struktur der Welt scheint tatsächlich am leichtesten durch Zahlen ausdrückbar zu sein. Selbst da, wo unser Vorstellungsvermögen versagt, helfen, wunderbarerweise, Formeln weiter. Oft finden Physiker Phänomene, die man sich weder vorstellen noch ausdenken könnte, einfach dadurch, daß sie versuchen, der Lösung einer bestimmten mathematischen Gleichung (die irgendeinen Naturvorgang beschreibt), einen konkreten „Sinn" zu geben. Zunächst ist da nur eine Formel und ein Ergebnis dieser Formel. Und man macht ein Experiment und findet ein Phänomen in der Natur, das durch dieses Ergebnis der Formel sozusagen „vorhergesagt" wurde (durch dieses Ergebnis der Formel wurde nahegelegt, daß es ein solches Phänomen geben müßte):

Zitat:
Höfling, 1968, S. 767

„... daß der menschliche Geist die Fähigkeit besitzt, die engen Grenzen der Anschauung zu überschreiten und auch dort noch Erkenntnisse zu erzielen, wo die Anschauung versagt; der menschliche Geist bedient sich dabei mit besonders gutem Erfolg der Mathematik. Deshalb ist die Mathematik heute die eigentliche Sprache des Physikers. Sie liefert das beste Werkzeug, um die tiefsten Probleme der Physik zu erfassen und zu bearbeiten. Der Schritt von der konkreten Anschauung der klassischen Physik mit ihren mechanischen Modellen zu den höchst abstrakten mathematischen Formeln der modernen Physik, *denen jede Anschauung fehlt* (Hervorhebung durch Niehenke), muß vollzogen werden, wenn wir die Zusammenhänge und Gesetze der Naturerscheinungen ergründen wollen."

Die Formulierung **Heisenbergs** vom „mathematischen Kern der Naturgesetze" ist so weit von dem Postulat des **Pythagoras**, daß die Zahl das der Materie zugrundeliege Prinzip sei, wirklich nicht entfernt. Und wenn wir an die Gitterstruktur von Metallen denken (oder anschaulicher, die geometrischen Formen von Kristallen, wie etwa von Schneekristallen, betrachten), dann ist auch der Grundgedanke **Platons**, daß die Materie hervorgehe aus geometrischen Körpern, nicht mehr so absurd.

Woraus bestehen die kleinsten Teilchen?

Doch kehren wir noch einmal zu der Frage zurück, die ich mir schon als Kind stellte: Woraus bestehen die Elementarteilchen selbst? Wenn wir diese Frage zu beantworten versuchen, stoßen wir an eine Vorstellungsgrenze. Die Frage läßt sich nämlich nicht beantworten, weil sie, so merkwürdig dies jetzt klingen mag, von falschen Voraussetzungen ausgeht: Sie geht von der Voraussetzung aus, daß Elementarteilchen „im Kleinen" etwas Ähnliches sind wie vielleicht ein Sandkorn „im Großen", daß sie also z. B. eine bestimmte Größe haben und sich an einem bestimmten Ort aufhalten, wie dies für jedes materielle Objekt gilt. Tatsache aber ist, daß im Bereich der Elementarteilchen die Vorstellung von einem begrenzten Stück „Materie" an einem bestimmten „Ort" keinen Sinn macht.

Das macht sich in der Sprache der Physiker bemerkbar, die vom Elektron sagen, seine Masse sei über seine ganze Bahn „verschmiert". (Das *eine* Elektron ist also an allen Stellen seiner Bahn gleichzeitig.) Das macht in unserer Vorstellung (von einem Materieteilchen) zunächst keinen Sinn. Aber denken Sie einmal an eine Schallwelle: Die ist auch nicht an einem bestimmten Ort sondern überall im Raum gleichzeitig. Ein *Ton* ist im ganzen Raum. So ist das auch mit der Materie: Im „Größen"-bereich der Elementarteilchen verhält sich Materie, *als wäre sie etwas wie ein Ton*, genauer:

wie eine Welle. (Eine Welle ist überall.)

Der Physiker spricht vom Welle-Teilchen-Dualismus der Materie und, analog zu den Lichtwellen, von Materiewellen. Materie verhält sich eben zum einen Teil so, als bestünde sie aus *Teilchen* (mit einer bestimmten Größe und einem bestimmten Ort), zum anderen Teil (in einer anderen Art von physikalischen Messungen und/oder Experimenten), als wäre sie eine Wellenerscheinung.

Wenn Sie Materie immer weiter teilen, dann stoßen Sie also nicht auf Atome, auch nicht auf Elementarteilchen, auch nicht auf den „Urstoff" meines Chemielehrers: Sie stoßen auf etwas „Immaterielles", nämlich auf *elektromagnetische Schwingungen* (Wärme, Elektrizität, Licht - je nach Wellenlänge). Licht, also eine Welle, ist direkt in Materie verwandelbar: Bestimmte Elementarteilchen können aus energiereicher Strahlung (wie Licht eine ist) spontan „entstehen" und sich, umgekehrt, auch wieder in Licht verwandeln.

Zitat: Höfling, S. 664f.

„... Diese Neugestaltung der Atomphysik war gleichzeitig mit einer **tiefgreifenden Wandlung in der Einstellung der Physiker zu der von ihnen betriebenen Erforschung der Wirklichkeit verbunden.** Diese Wandlung machte sich zunächst im Bereich der Atome bemerkbar, griff von hier aus aber auch auf andere Gebiete der Physik und darüberhinaus auf die **Naturphilosophie** über. ... Unter dem Einfluß der vielseitigen Erfolge des **Bohr**schen Atommodells hatte sich auf dem Gebiet der Atomphysik eine Entwicklung vollzogen, die wir früher schon mehrfach als unberechtigt zurückgewiesen haben. Man vergaß, daß das anschauliche **Bohr**sche Atommodell mit seinen Elektronenbahnen nicht als ein Abbild der Wirklichkeit gewertet werden durfte, sondern daß es sich um eine **Gedankenkonstruktion der Physiker** handelte. ... erfreute sich das **Bohr**sche Atommodell auch besonderer Beliebtheit, weil es dem menschlichen Bedürfnis nach **Anschaulichkeit der Modellvorstellungen von der Natur** in hohem Maße gerecht wurde. Besonders anschaulich erscheinen uns nämlich die Vorgänge der **Mechanik.** ... Die Zurückführung aller Erscheinungen auf mechanische Modelle war das erstrebte Endziel der klassischen physikalischen Forschung. ... Wir haben früher darauf hingewiesen, daß die mechanischen Modellbetrachtungen große Fortschritte für die Naturerkenntnis gebracht haben. Wir haben aber auch erkannt, daß diese Modelle nicht das Wesen der durch sie dargestellten Erscheinungen sind, sondern daß es sich um Hilfsmittel handelt, die es erleichtern, gedankliche und rechnerische Überlegungen anzustellen. ... Am Beispiel des Lichts haben wir früher erkannt, daß es bisweilen zur vollständigen Erfassung **einer** Erscheinung (Licht) notwendig ist, nebeneinander verschiedene Modelle (Welle und Teilchen) zu verwenden, *die für das menschliche Anschauungsvermögen nicht miteinander vereinbar sind.* Wir mußten uns mit der Tatsache abfinden, daß Licht weder einer Wellenbewegung noch ein Strom von Teilchen ist, sondern etwas, *das sich der anschaulichen Beschreibung durch den menschlichen Geist entzieht* und sich bisweilen so verhält wie eine Welle und ein anderes Mal wie ein

16

Teilchen. Ähnlich liegen nun die Verhältnisse beim Atom. Die **Bohr**sche Modellvorstellung vom Bau der Atomhülle setzt nämlich voraus, daß die Elektronen wirklich Teilchen **sind und bleiben** und daß ihre Bahnen ebenso klar und eindeutig als zusammenhängende Kurven beschrieben werden können."

Aus diesem Zitat wird deutlich, daß Physiker nicht angeben können, was Materie ist. Sie machen sich möglichst anschauliche Modelle von Vorgängen in der Natur, und solange die Meßergebnisse im Einklang mit diesen Modellvorstellungen stehen, gilt dieses Modell als „richtig". Das ist immer *vorläufig*. Physiker können über die Wirklichkeit, die sich der Messung durch ihre Instrumente entzieht, keine qualifizierteren Aussagen machen als irgend jemand anderes. Über diese Bereiche der Natur wissen sie nichts (als Physiker). Darüberhinaus zeigt sich, daß die Vorgänge in der Natur sich, wie **Höfling** es ausdrückt, der anschaulichen Beschreibung durch den menschlichen Geist ohnehin entziehen. Die Zusammenhänge, die von der Astrologie angenommen werden, sind wirklich nicht „unvorstellbarer" als ein über seine Bahn verschmiertes „Teilchen". In der Physik haben wir gelernt, daß die Tatsache, daß etwas buchstäblich „unvorstellbar" ist, ja „widersinnig" scheint (aus der Perspektive unserer Anschauung), keineswegs bedeutet, daß es diesen Zusammenhang nicht gibt.

Kapitel 3

Zur Geschichte der astrologischen Aspekte

Zahlensymbolik

In der modernen Physik erleben wir, welches mächtige Instrument bei der Erkenntnis (und „Beherrschung") der Natur uns Zahlen und Mathematik an die Hand geben. Den mit Zahlen möglichen Operationen (Addieren, Subtrahieren, Multiplizieren und Dividieren, als den einfachsten Operationen) entsprechen wunderbarerweise Phänomene in der Natur, die zunächst mit Zahlen doch gar nichts zu tun haben, wie z. B. das Zusammenklingen von Tönen, die von Saiten erzeugt werden, deren Längen in einem ganzzahligen Verhältnis zueinander stehen. Wenn Zahlen das allem *Seienden* zugrundeliegende Prinzip sind, dann liegt es nahe, daß sie etwas *bedeuten*. Dies Bedeuten heißt, wenn man nicht kausal-mechanisch denkt, wie wir es in der klassischen Physik gewohnt sind, immer auch ein „Bewirken"[9]. Bedeutung hat immer auch eine *Kraft*.

Die „Bedeutung" der drei ersten natürlichen Zahlen

Vermutlich hat die pythagoreische Zahlensymbolik ihren Ursprung in Ägypten. Die Einheit, die Eins (*Monas*), ist das Symbol für einen hermaphroditischen Gott und für die Form aller Dinge; sie repäsentiert die ursprüngliche Einheit aller Dinge (Allmacht, das Ganze, das Männliche, das Gute). Diese ursprüngliche Einheit aller Dinge wird mit der Erschaffung des materiellen Universums in einzelne Komponenten aufgeteilt. Die Zwei (*Dyas*), das erste Ergebnis dieser Teilung, galt als Verkörperung des Weiblichen und als das Schlechte (!). In Griechenland, in der jüdischen und auch der christlichen Religion sind Frauen „unrein" (sie dürfen z. B. nicht Priester werden, weder bei den Juden noch bei den Christen). Weiterhin steht die Zwei für die Materie. Die *Trias* ist die Vereinigung von Monas und Dyas, von Form und Materie, von einem unendlichen Gott und der endlichen Materie. Der Raum hat drei Dimensionen, die Zeit hat Vergangenheit, Gegenwart und Zukunft, und alles Seiende ist der Trinität von Anfang, Mitte und Ende unterworfen. Dabei ist der Anfang das Einfache, Einheitliche, eben die Eins. Die Mitte ist das Anderswerden, die Dyas, das Ende, die Trias ist die neue Einheit von Eins und Zwei.

---

9. „ ... Diese und ähnliche Beobachtungen aus dem Bereich der Mikrophysik haben dazu geführt, hier allgemein von einer Auflockerung des Kausalzusammenhanges zu sprechen. ... Diese Wandlung in der grundsätzlichen Auffassung ist sehr tiefgreifend und zieht für unser Weltbild wesentliche Folgerungen nach sich. Insbesondere wird hiermit der früher behandelten mechanischen Weltbetrachtung für den Bereich der Mikrophysik der Boden entzogen. Da nun weiter die Möglichkeit besteht, daß mikrophysikalische Einzelvorgänge mit ihren Wirkungen auch im Bereich der Makrophysik in Erscheinung treten, ist die lückenlose Determiniertheit aller Ereignisse auch hier keineswegs so sicher, wie man dies im Rahmen der klassischen Physik geglaubt hat." (**Höfling**, S. 775)

Die „Bedeutung" der Zahl Vier

Eine besondere Bedeutung hatte für die Pythagoreer die Vier (*Tetras*). Sie ist die Zahl der vier Elemente und stellt in einem gewissen Sinn eine noch vollendetere Einheit als die Drei dar: Durch Verdopplung der Zwei, die Zahl des „Gegensatzes", der in der Vier aufgehoben ist. Sie repräsentiert nüchternes Denken und Festigkeit, außerdem stellt sie die Gerechtigkeit dar.

... und der Zahl Fünf

Die Fünf galt als Zahl des Wandels. Sie stand für Abenteuer (auch für Heirat); die Sechs verhieß häuslichen Frieden. Die Sieben war das Symbol für innere Einkehr und Mysterien, während die Acht auf weltlichen Genuß und irdische Freuden hindeutete. Die Neun nahm wiederum eine besondere Stellung ein: Sie vertrat die Vollkommenheit von Verstand und Seele.[10]

Auch in der heutigen Astrologie leiten viele Astrologen die Bedeutung astrologischer Deutungsmerkmale, insbesondere von Aspekten, aus zahlensymbolischen Überlegungen ab. So schreibt der englische Astrologe **John Addey** (seine Arbeit wird weiter unten ausführlicher besprochen), daß jede Zahl für eine eigene Art von Relation (Beziehung) stehe. Eins verkörpert auch für ihn die Einheit; zwei die Idee der Polarität, Gegnerschaft oder Komplementarität, von positiv-negativ, Subjekt-Objekt, tätig-leidend, von allem, was aus der Idee der Dualität ableitbar ist. Die Drei bedeutet für ihn ein Weiterschreiten über das duale Denken von Subjekt-Objekt, positiv-negativ hinaus, weil ein dritter Faktor diese Struktur nun erweitert (im günstigen Fall eine *neue* Einheit herstellt).

Die Herkunft der 12teilung des Tierkreises

Zahlensymbolische Überlegungen haben vermutlich bei der Zuschreibung der Bedeutung der einzelnen Aspekte eine große Rolle gespielt. Die Zwölfteilung des Tierkreises hat seine Wurzel aber wohl eher in den 12 Mondumläufen eines Jahres. Für die Pythagoreer war es ein weiteres Beispiel für die „Weltharmonie", daß diese Zahl das gemeinsame Vielfache der ersten vier natürlichen Zahlen ist, insbesondere das Produkt von drei und vier. Es lag nahe, die Elementenlehre des **Empedokles** (aufgegriffen und erweitert von **Platon**) mit der Astrologie zu verbinden, indem man die 12 Tierkreiszeichen in vier Dreiergruppen einteilte (in den Kreis vier gleichseitige *Dreiecke* einschrieb) und jeder dieser Gruppen ein Element zuordnete.[11]

Aspekte (die Deutung von Winkelstellungen der Planeten) tauchen in der astrologischen Tradition erstmals bei **Ptolemaeus** (120 - 180 n. Chr.) auf,

10. Manche Autoren leiten die Bedeutung bestimmter Zahlen aus natürlichen Gegebenheiten her, so die Zahl Drei aus dem Verhältnis Vater-Mutter-Kind, die Zahl Vier aus den Himmelsrichtungen, die Fünf aus den Fingern einer Hand.

11. Der griechische Arzt **Hippokrates** (5. vorchristl. Jahrhundert) ordnete den Elementen des **Empedokles** vier Körpersäfte (Blut, weiße Galle, schwarze Galle und Schleim) und entsprechende Temperamentstypen (sanguinisch, cholerisch, melancholisch und phlegmatisch) zu. Der Astrologe **Antiochos von Athen** verband dann später diese Lehre von den vier Körpersäften und den entsprechenden menschlichen Eigenarten mit der Astrologie.

dessen Astrologie-Lehrbuch (das einzige erhaltene systematische Lehrbuch der Antike), **Tetrabiblos** (Vierbuch), allerdings auf den Lehren des syrischen Astrologen **Posidonius von Appamaia** (135 - 51 v. Chr.) beruht. **Ptolemaeus** spricht von Aspekten in einer allgemeineren Form als wir heute:

Unabhängig vom tatsächlichen Winkel zwischen zwei Planeten rechnet er mit dem Abstand der jeweiligen *Zeichen* [12] (siehe Abbildung). Er spricht nicht von der Verbindung zweier *Planeten* sondern von der Verbindung zweier *Abschnitte der Ekliptik*. Die Konjunktion galt daher auch nicht als ein Aspekt. - So waren also alle Planeten, die im gleichen Element standen (etwa in den Wasserzeichen), im Trigon zueinander. Dies paßte gut mit der Elementenlehre und der zahlensymbolischen „Vollkommenheit" der Drei zusammen: Planeten im gleichen Element haben eine ähnliche Färbung (sind in Harmonie miteinander). Also war das Trigon, in Analogie zu seiner zahlensymbolischen Bedeutung, ein *guter Aspekt.*

Schema der Planetenhäuser und Aspekte bei Ptolemaeus

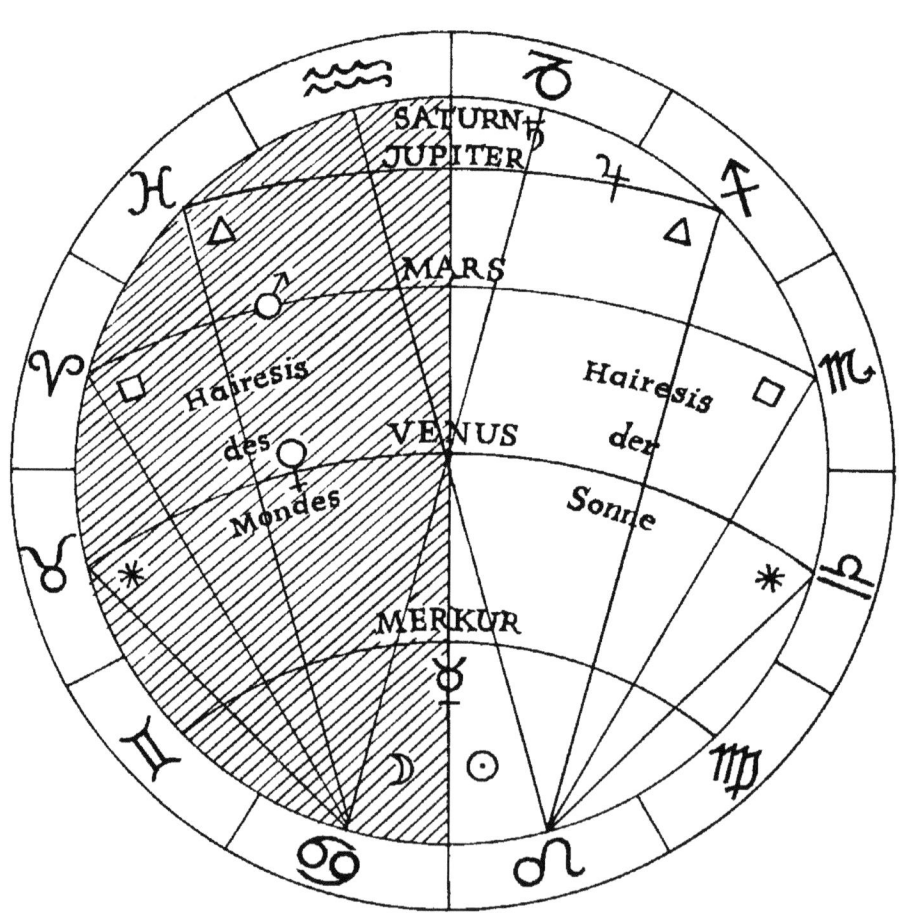

Die Bedeutung des Quadrats war allerdings nicht im Einklang mit zahlensymbolischen Überlegungen: Bei den Pythagoreern ist die Vier eine fast noch vollkommenere Einheit als die Drei. Für **Ptolemaeus** aber ist das Quadrat, da es Abschnitte der Ekliptik verbindet, die nicht verwandt

12. Übrigens in gleicher Weise wie in der modernen Hindu-Astrologie.

sind, ein kritischer Aspekt. Die Opposition ist die erste Teilung der Einheit (die Zwei), das Quadrat ist die Spaltung des Gespaltenen, eher also noch schwieriger als die Opposition selbst (siehe im nächsten Abschnitt die Ansicht von **Kepler**).

Der „instinctus geometricus"

Die Aspekte in der heute verwendeten Form gehen auf Kepler zurück

Einer der bedeutendsten mittelalterlichen Astronomen und Astrologen, **Johannes Kepler**, war der Auffassung, daß die Wirkung der in der Astrologie verwendeten Aspekte auf einer angeborenen Sensibilität der menschlichen Seele für geometrische Proportionen beruhe, die er den *instinctus geometricus* der menschlichen Seele nannte. **Keplers** Arbeit war stark von einer phytagoräisch-mystischen Zahlenmagie durchdrungen. Das Weltgeheimnis sieht **Kepler** in einem vollkommen harmonischen Naturzusammenhang. Für ihn stand fest, daß der Kosmos ein wohlgeordnetes, von einem geistigen Prinzip geschaffenes und gelenktes Ganzes sein müsse, in dem alles nach harmonisch-geometrisch darstellbaren Verhältnissen geordnet ist.

Er gesteht den Kritikern der Astrologie zu, daß die Einteilung in die 12 Zeichen und die Zuordnung der Planeten zu diesen Zeichen willkürlich erdachte Erfindungen seien und keineswegs aus der Erfahrung stammten, wie die Astrologen behaupten. Auch die Aspekte seien ein „reines Gedankending von geometrisch-idealer Bestimmung". Er selbst fragt: „Wie kann eine ratio geometrica oder harmonica wirken?" Die Konstellation wirkt, so sagt er, nur indirekt, so „wie die Seele anfängt zu tanzen, wenn ihr die Aspekte pfeifen." Die Seele reagiere auf die Winkelstellungen wie auf die Konsonanzen oder Dissonanzen in der Musik. Der Einfluß der Sterne sei keineswegs physikalischer Natur, so als ob ein Regen vom Himmel herabkäme. Aber neben der Weltseele gibt es auch eine *Erdseele*, die einer Flamme gleicht und die, wie Tiere und Pflanzen, ihren besonderen Instinkt, einen *instinctus geometricus* habe, der die Konstellationen und Winkelstellungen im Kreis wahrnehmen kann.

Kepler war es also, der die Aspekte in der Form einführte, wie wir sie heute kennen: als Winkel zwischen Himmelskörpern. Für ihn machte das Sinn, da er davon ausging, daß geometrische Proportionen *wirken* (und wenn Sie, wie im vorherigen Kapitel erwähnt, an Kristalle denken, so ist diese Annahme ja so falsch nicht).

Für **Kepler** beruhen die Aspekte Quadrat und Opposition auf der Zweiteilung des Kreises und sind für die lebende Natur disharmonisch zu bewerten, weil diese Art der Teilung die elementare und primitive darstelle. Die aus der Dreiteilung hervorgehenden Winkel von 60 Grad und 120 Grad (Sextil und Trigon) seien harmonisch, weil die Dreiteilung eine höhere Gliederungsform bezeichne. Da jedoch das Sextil auch aus der Zweiteilung (die Hälfte von 120 Grad) hervorgehe, sei der Charakter dieser Winkelbildung zwischen harmonisch und disharmonisch einzuordnen.

Physisch-reale Erklärungsversuche

Ganz anders als **Kepler** versucht wenige Jahrzehnte später der italienische Astrologe **Placidus de Titis** die Astrologie zu erklären und gegen Einwände von Gegnern abzusichern. Unter dem Eindruck der Erfolge der Naturwissenschaften versucht er, alle in der Astrologie gebräuchlichen Faktoren als physisch-reale Faktoren nachzuweisen. Konsequenterweise bekämpft er alle rein geometrisch (also durch bestimmte Positionskreise an der Himmelskugel) bestimmten Häuserspitzen. Seiner Meinung nach beruht eine naturgemäße Häuserteilung auf der Teilung des Tages in zwölf Doppelstunden; entsprechend drittelt er die Bewegungsbogen der Himmelspunkte von einem zum anderen Eckpunkt und überträgt diese Teilungspunkte auf die Ekliptik. Sein Häusersystem ist noch heute das am weitesten verbreitete.

Die zwölf Zeichen des Tierkreises sind ebenso keine willkürliche (geometrische) Teilung der Ekliptik, sondern physische Wirklichkeiten oder Einflußzonen, die den wechselnden Einfluß des *Jahreslaufs* der Sonne darstellen.

Auch **Ptolemaeus** war schon daran gelegen gewesen, die Astrologie dadurch aus dem Dunstkreis von „Magie und Aberglaube" zu befreien, daß er versuchte, die Bedeutung der Horoskop-Faktoren auf physisch-reale Wirkungen zurückzuführen:

Zitat: Ptolemaeus, S. 7/8

„...Zuerst ist offenbar und bedarf keines weitläufigen Beweises, daß vom Himmel aus sich ergießend verbreite Macht und Kraft des Äthers über alles, was irdisch ist, über die in Veränderlichkeit ergriffene Ur-Erburt; als da die ersten Elemente, die unter dem Monde sind, das **Feuer** und die **Luft**, welche durch die himmlischen Bewegungen erregt werden, und da sie umschließen und erfassen das, was hiernieden ist, die **Erde**, das **Wasser**, die Pflanze, das Tier.

Die **Sonne** mit dem Himmel berührt immer auf andere Weise das Irdische, nicht bloß nach den vier Jahreszeiten, von welchen bestimmt sind der Tiere Erzeugung, der Pflanzen Befruchtung, die Freiheiten der Gewässer, die Umwandlungen der Körper, sondern auch nach ihrem täglichen Lauf, wärmend, feuchtend, trocknend, kältend, in festbestimmtem Gang und Weise, übereinstimmend mit dem übrigen Gestirn und nach der Lage gegen unsere Scheitel (dem Breitengrad, Anm. Niehenke).

Daß der **Mond**, der Erde am nächsten, aufs Irdische Gewalt übe, erhellt daraus, daß fast alles Belebte und Unbelebte seines Lichts und Laufs Einfluß verspüret. Die Flüsse wachsen und fallen mit ihm; ja des Meeres Abfluß und Zufluß´ahmet seinem Auf- und Untergang nach. Pflanzen und Tiere, im Ganzen oder in bestimmten Teilen, schwellen an, wenn er zunimmt, wachsen und nehmen mit ihm ab, erfeuchten und trocknen, nach seinem Lauf.

So auch die **Gestirne**, die festen (Fixsterne, Anm. Niehenke) und die wandelnden, deuten im Luftkreis, Hitze und Kälte, woraus dann das übrige Belebte angeregt wird. ...

22

Aus dieser Betrachtung ergibt sich, daß nicht bloß die körperlichen Wesen, nachdem sie geboren und vollkommen sind, Gestirns Einfluß und Bewegung empfinden, sondern daß auch bei ihrem Beginne der Same Form und Gedeihen nehme nach des Himmels Beschaffenheit. Darum allermeist achten die Hirten und Bauern mit großem Fleiß, mehr als andere, wenn sie ihre Tiere der Begattung überlassen oder wenn sie das Feld besäen, nach dem Stande der Zeit überhaupt. Die Hauptwirkungen von Sonne, Mond und Gestirn sind allermeist so sicher, daß sie auch der in der Physik Unkundige durch bloße Beobachtung gewahr wird.

.... Um dies zusammenzufassen, so ergibt sich, daß die **Kraft** der Lichter **bestimmt** werde durch ihr inneres Wesen, durch die Stellung in den Zeichen, durch den Stand gegen die Sonne, und durch die Beziehung zu den Weltgegenden. Östlich und direkt steigert sich ihre **Kraft**, westlich und rückläufig sind sie schwächer. In der Mitte des Himmels oder im folgenden sind sie stark, so auch im Horizont selbst oder im folgenden Teil, am östlichen Horizont am meisten, am schwächsten in der Tiefe des Himmels, und an einer Stelle, die mit ihm in Anblickung steht. Sonst aber sind sie unmächtig und schwach."

Zitat: Ptolemaeus, S. 24

Die Bedeutung der Planeten leitet er folgendermaßen her:

Zitat: Ptolemaeus, S. 12/13

„Erfahrung ist, daß die Kraft der **Sonne** sei, zu erwärmen und *mäßig zu trocknen*. Wegen ihrer Größe und dem sichtbaren Wechsel der Jahreszeiten sind diese Wirkungen auffallender. Je näher sie unserem Scheitel rückt, desto mehr wächst Wärme und Trockenheit.

Des **Mondes** Hauptkraft ist im *Befeuchten*: darum, weil er der Erde am nächsten ist und benachbart den feuchten Ausdünstungen. Offenbar regt er also auch auf diese Weise die Körper an, er macht sie weicher, meist Auflösung und Fäulnis fördernd; *etwas erwärmt* er, weil er sein Licht von der Sonne erhält.

Saturns Kraft im *Erkälten* ist größer; *etwas trocknet* er; er ist am weitesten entfernt von der Quelle der Wärme, der Sonne, und von den feuchten Ausdünstungen entfernt. ...

Im Gestirn des **Mars** tritt hervor die Kraft *zu trocknen*. Zugleich ist er *brennend*, wie es seiner feurigen Farbe zukommt (sic!) und seiner Nähe an der Sonne; er ist der nächste nach der Sonne.

Jupiters Natur ist gemäßigt, weil er seine Bahn hält zwischen dem kalten Saturn und dem brennenden Mars. Er *erwärmt* und *feuchtet*; die erwärmende Kraft ist aber die überwiegende, darum wirkt er fruchtbare Winde.

Der **Venus** Stern ist seiner gemäßigten Natur nach ähnlich dem Jupiter, doch umgekehrt. Ob er gleich *erwärmt*, wegen der Nähe an der Sonne, erwärmt er doch *weniger als Jupiter*; mehr aber *befeuchtet* er wie auch der *Mond*, wegen der Größe seines Körpers, anziehend feuchte Dünste aus den Umgebungen der Erde.

Merkur hat fast gleiche Kraft, *bald trocknend*, einsaugend Feuchtigkeit; da er nie weit sich von der Sonne entfernt, nach der Länge; *bisweilen*

23

auch feuchtend, weil er dem Monde nahe kommt, dem nachbarlichen Begleiter der Erde. Die *Wirkungen*, die er hervorbringt in beiderlei Hinsicht, sind *behend und augenblicklich*, wegen der Schnelligkeit des Laufs, mit der er um die Sonne kreist."

Heute wird in den meisten astrologischen Lehrbüchern die Frage, wie man sich denn das Zustandekommen des Kosmos-Bios-Zusammenhanges „erklären" oder vorstellen könne, ausgeklammert oder mit sehr allgemeinen Hinweisen kurz erledigt. Dies gilt insbesondere für die Herleitung der Bedeutung der Aspekte.[13] Jeder Astrologe, der unterrichtet, weiß aber, daß die Frage nach Begründungen für die eine oder andere Regel („Warum sind denn Winkel von 180° oder 90° disharmonisch?" - „Wieso wird dem Mars Aggressivität zugeordnet?") oder für das Vorhandensein einer Kosmos-Bios-Beziehung allgemein immer wieder gestellt wird.

Dieser Mangel in Lehrbüchern der Astrologie hat seinen Grund. Der Astrologe **Freiherr von Klöckler**, dem die wissenschaftliche Fundierung der Astrologie in den Zwanziger Jahren dieses Jahrhunderts ein wichtiges Anliegen war (siehe Literaturliste am Ende dieses Lehrheftes), bringt es auf den Punkt, wenn er schreibt: „Zur tieferen Begründung des traditionellen Winkelschemas, das sich bei richtiger Anwendung empirisch wohl bewährt, ist nicht viel Verbindliches zu sagen." (Kursus der Astrologie, Bd. II, S. 48) Er führt dann eine Reihe von Meinungen zu diesem Thema an (u.a. auch die weiter oben beschriebene Auffassung **Keplers**), von denen ich *eine* wiedergeben möchte. (Sie werden sich sogleich an das erste Kapitel über Wellen erinnern fühlen):

„**Manfred Blume** verweist zur Begründung der astrologischen Aspektlehre auf ondulationstheoretische[14] und schiffahrtstechnische Erwägungen hin. Beim Aufeinandertreffen zweier Wellenzüge in Winkeln von ca. 60° und 120° summieren sich diese Wellen, denen fahrtechnisch relativ leicht zu begegnen ist, während der Zusammenprall von Wellen in ca. 90° sog. Kreuzwellen mit ungleichmäßigem Wechsel von Wellenberg und Wellental erzeugt, die ihrer Unberechenbarkeit halber keine fahrtechnisch günstige Schiffslage gestatten." (Kursus der Astrologie, Bd. II, S. 50).

---

13. Im ersten Ausbildungsabschnitt habe ich den Versuch unternommen, die Bedeutung der Planeten aus dem systemtheoretischen Ansatz heraus konsequent herzuleiten.
    Eine Herleitung der Bedeutung der Planeten fällt auch leicht, da Planeten als „Wirkungsfaktoren" leicht vorstellbar sind. Für die Herleitung der Bedeutung der Tierkreiszeichen gibt es ein solches Erklärungsmodell nicht. Wir haben im zweiten Teil des ersten Ausbildungsabschnittes auch Gründe kennengelernt, warum es bei den Zeichen (die Stilprinzipien darstellen) auch schwieriger ist, mit den uns zur Verfügung stehenden Erkenntnismitteln (die „materialistisch" in dem Sinne sind, daß Sie dem Inhalt, der Materie, einen Vorrang vor der Form einräumen) die Bedeutung der Tierkreiszeichen zu „erklären".
14. Ondulation = (Haar) Wellen

Kapitel 4

Die Behandlung der Aspekte in der astrologischen Gegenwartsliteratur

Charles E. O. Carter (1887-1968)

Carter war ein in England sehr bekannter Autor, der die Astrologie unter psychologischem Gesichtspunkt betrieb. Sein erstes, 1924 publiziertes Buch, trug den Titel: „The Encyclopaedia of Psychological Astrology" (Enzyklopädie der psychologischen Astrologie). Sein Buch „Astrologische Aspekte" wurde auch ins Deutsche übersetzt (siehe Literaturliste).

Sein Weg ist, wie bei den meisten Astrologen, ein Mittelding von auf Erfahrung gestützter und „theoretisch" gefolgerter (z. B. aus *zahlensymbolischen* Erwägungen abgeleiteter) Bestimmung des Deutungsgehaltes eines Aspekts.[15] So schreibt er in der Einleitung zu seinem Buch „Astrologische Aspekte": „Beim Studium von durchschnittlich zwei bis drei dutzend Beispielen jeder Aspektverbindung habe ich mich überzeugt, daß die Beschreibung in den Lehrbüchern vielen dieser Fälle nicht gerecht wird. Oftmals scheint die Wirkung eine völlig andere zu sein, als ich selbst *übereinstimmend mit vielen anderen Astrologen* bisher gedacht hatte."[16] Und zur Herleitung der Bedeutung der Aspektarten schreibt er:

Die Herleitung der Bedeutung der Aspekte bei C. O. Carter

„Die harmonischen Aspekte sind Trigon, Sextil und Halbsextil; man erhält sie, indem man die 360° des Kreises durch 3, 6 und 12 dividiert. *Die Drei ist, wie kaum noch erwähnt zu werden braucht, die Zahl der idealen Form* (Hervorhebung durch Niehenke); sie ist harmonisch, hochstehend und einigend. Ihre Aspekte tendieren daher dazu, glückbringend zu sein.

Die Konjunktion, ..., ist analog der Zahl Eins, daher sozusagen die Mutter aller anderen Aspekte.[17] Sie ist dem Wesen nach weder harmonisch noch disharmonisch, sondern erhält ihren Charakter von den sie bildenden Planeten und anderen horoskopischen Bedingungen. Die disharmonischen Aspekte sind die Opposition, das Quadrat ... . Sie alle ... sind von der Zwei

---

15. Das hat er übrigens u.a. mit **Thomas Ring** gemeinsam. Dieser sagte einmal in einem Seminar, an dem ich teilnahm: „Eine neue Regel wird in den Kanon der astrologischen Deutungsregeln aufgenommen, wenn sie denknotwendig ist und sich in der Erfahrung bewährt hat."

16. Diese Einschätzung kann ich nur unterstreichen: In einer Studie, die ich über die Bedeutung der astrologischen Aspekte auf der Basis der in meiner Dissertation verwendeten 3.500 Fragebogen durchführte, ließ sich die in den Lehrbüchern gegebene Bedeutung der Aspekte nicht verifizieren (siehe Kapitel 5). Auch **Thomas Ring** erwähnt ja immer wieder, wie wir weiter unten sehen werden, daß sich die „in Lehrbüchern gegebenen Deutungen" in der Arbeit oft nicht bestätigen.

17. Hier irrt Carter, rein historisch gesehen, denn bei **Ptolemaeus** war, wie wir gesehen haben, die Konjunktion gar kein Aspekt.

und der Vier abgeleitet, von denen die erstere die Zahl der Passivität und Empfänglichkeit ist, die letztere die der objektiven Manifestation. Daraus folgt, daß die Opposition sich unglücklich gestalten kann durch Negativität gegenüber entgegenwirkenden Kräften und daß das Quadrat als ungünstig zu werten ist, weil alle Manifestation notwendigerweise Einschränkung und Hemmung unterliegt.

Von der Fünf stammen das Quincunx[18] ... die durchwegs als in geringem Maße wohltätig gelten. Ich bin nicht sicher, ob ihr Wert nicht unterschätzt wird, obgleich die Wirkungen keine offenkundigen sind. Die Fünf symbolisiert in bezug auf den Menschen die Möglichkeit der Beherrschung der Natur und ihrer Gewalten, sie muß daher einen intellektuellen Einfluß ausüben.

Aspekte, die auf der Sieben und Neun beruhen, sind keine vorhanden, wie ich mit Bedauern feststelle.“[19]

Da das Buch von Carter nicht mehr zu kaufen ist, will ich seine Beschreibung der Aspektbedeutungen hier zitieren:

Konjunktion

„Die Konjunktion besitzt in gewissem Sinn alle Möglichkeiten, aber ihr hervorstechendstes Merkmal ist ihre Kraft. Unbestreitbar wirkt dieser Aspekt mächtiger und unmittelbarer als jeder andere; er ist wesentlich und betrifft ebensosehr das tiefste Sein des Nativen wie seine äußeren Umstände.[20]

18. Hier liegt wohl ein Fehler in der Übersetzung vor: Der aus der Fünf abgeleitete Aspekt heißt Quintil (72°).

19. Er fügt als Anmerkung hier an: „Das vorliegende Buch ist unpolemisch gedacht, aber meine persönliche Anschauung ist, daß uns betreffs der Aspekte noch viel zu entdecken übrig bleibt. Zum Beispiel ist das Trigon ein Drittel des Kreises, weshalb ich es für keineswegs unwahrscheinlich halte, daß 40° als ein Drittel des Trigon und ein Neuntel des Kreises ein mächtiger wohltätiger Einfluß von wenigstens gleicher Stärke wie das Sextil sein könnte.“

20. ... die in der Ansicht von **Thomas Ring** (und meiner eigenen) allerdings gerade nicht aus dem Horoskop erschließbar sind, sondern unter die Aussagegrenze fallen. Doch Carter ist hier durchaus selbst auch im Zweifel. An anderer Stelle schreibt er nämlich dazu: „Zu bemerken ist, daß die Aspekte jedesmal mehr oder weniger ausgesprochen nach zwei Gesichtspunkten hin erörtert werden, und zwar ist der eine der psychologische oder innerliche und der andere der äußerliche oder gegenständliche. Die Entscheidung, nach welcher Hinsicht ein vorhandener Aspekt in jedem Sonderfall wirken wird, bereitet große technische Schwierigkeiten. Möglicherweise haben viele, wenn nicht gar alle Charaktereinfluß, während ihre äußeren Effekte vielleicht sekundär sind. Ich weiß es nicht. (Hervorhebung durch Niehenke) Oft sind die Persönlichkeitswirkungen kaum wahrnehmbar, während die äußeren Ereignisse hingegen offenkundig zutage liegen. Sonne Quadrat Jupiter z. B. kann in dem einen Fall Doppelzüngigkeit bedeuten, in einem anderen Fall aber wird der Native selbst sehr aufrichtig sein, wohl aber unter fremder Falschheit leiden. ...

Ich für meinen Teil muß sagen (obwohl das vorliegende Buch dem praktischen Gebrauch, nicht aber philosophischen und mystischen Ideen dienen soll), ich sehe den einzigen befriedigenden Standpunkt in der Annahme, daß die äußeren Umstände das Innenleben widerspiegeln. (Hervorhebung durch Niehenke)“

Opposition

Die Opposition ist eine passive Konstellation, die dazu tendiert, den Menschen bewußt oder unbewußt zum Werkzeug in den Händen anderer zu machen. Bei einem auch im allgemeinen passiv gearteten Horoskop wird dieser Zustand kampflos hingenommen werden, aber bei kraftvollen Individualitäten führt er zu unaufhörlichen Reibereien und Kämpfen. Man findet ihn in den Horoskopen vieler, wenn nicht sämtlicher Feldherrn[21] und überhaupt bei allen, die durch ein kriegerisches Leben ihre Oppositionen sozusagen austragen können. In einigen Horoskopen wird dadurch Nachgiebigkeit und Opportunismus angezeigt.

Trigon

Das Trigon ist in der Regel ein idealer und aktiver Aspekt; es bedeutet infolge seiner Verwandtschaft mit dem V. und IX. Haus Schöpferkraft und Inspiration und ist eine Quelle von Kraft, Vitalität und Eifer.[22]

Sextil

Das Sextil entspricht seiner Natur nach dem III. und XI. Hause, der Mentalität, intellektuellen Wünschen und Bestrebungen. Es ist verstandesmäßiger und weniger enthusiastisch als das Trigon und kann in schwachen Horoskopen zu Indolenz, Mangel an Initiative und übergroßer Nachgiebigkeit führen. Seine starke Seite ist die Gedankenkraft, und es ist in Horoskopen von Denkern häufiger zu finden als das Trigon.

Quadrat

Das Quadrat hat streitbaren Charakter. Es ist der belebendste von allen Kontakten und unterscheidet sich dadurch wesentlich von der Opposition. Das Individuum reagiert heftig und oft mit Unbehagen auf Reize durch seine Umgebung; die Folge davon sind Taten, Kämpfe und oft auch Erfolge.[23] Der Native empfindet eine große Diskrepanz zwischen dem, was er besitzt, und dem, was er möchte, dem, was er ist, und dem, was ihn umgibt; und er wird zum Handeln angespornt. Es ist ein unabhängiger, individualistischer und zur Selbstbehauptung führender Aspekt."

Dr. med. H. Freiherr von Klöckler

Auch **Klöckler** wehrt sich gegen die pauschale Einteilung in „gute" und „schlechte" Aspekte. Er führt dazu aus: „Die sog. günstigen Winkel sind keineswegs immer günstig im Sinne wirklichen Wertschaffens, die ungünstigen durchaus nicht immer ungünstig im Sinne der Wertzerstörung. Solche Ausdrücke enthalten schließlich doch Werturteile, die *außerhalb des eigentlichen Bereichs astrologischer Erfassungsmöglichkeiten stehen* (Hervorhebung durch Niehenke) und, wenn überhaupt, nur durch kombinierte Rückschlüsse möglich werden. In Wirklichkeit handelt es sich darum,

---

21. Aufgrund der Studien des Ehepaares Françoise und **Michel Gauquelin** auf der Basis von vielen tausend Horoskopen berühmter Militärs wissen wir heute, das dies nicht stimmt (mehr zu diesen Themen im Ausbildungsabschnitt 10: Astrologie im Spiegel der Wissenschaften)

22. Auf den Cassetten werden Sie hören, daß ich die sog. synthetischen Aspekte, wie ich sie in Anlehnung an **Thomas Ring** lieber nenne, im Gegenteil so empfinde, daß gerade sie die Gefahr von Passivität (aus mangelndem „Problembewußtsein" heraus) bedeuten.

23. Bei dieser Bewertung des Quadrats liegt Carter auf derselben Linie wie fast alle modernen psychologisch orientierten Astrologen.

daß bei harmonischen Winkeln die Planetenkräfte sich zu gegenseitig steigernder Zusammenwirkung verbinden, während bei den disharmonischen Winkeln ein Zusammenwirken entsteht, bei dem sich die Kräfte gegenseitig sperren, behindern und stören. Daß diese Wirkungen nicht ohne weiteres als ungünstig anzusprechen sind, geht schon daraus hervor, daß der geistig-schöpferische Kräfteeinsatz sehr oft gerade durch solche Sperrungen im natürlichen Ablauf der Triebauslösungen angeregt werden kann." (Kursus der Astrologie, S. 48)

Auch v. Kloeckler ist noch der Vorstellung von „negativen" Konstellationen verhaftet

Konsequent lösen von der Vorstellung *negativer* Konstellationen konnte Klöckler sich allerdings nicht (wie sie z. B. **Thomas Ring** vollzogen hat). Dies wird deutlich an seiner Charakterisierung der „Wirkung" der Konjunktion:

„Die Konjunktionen der Planeten gelten als harmonisch, wenn die miteinander in Aspekt tretenden Planeten ihrer Bedeutung nach an und für sich lebensfördernd sind.[24] ... Als disharmonisch werden alle Konjunktionen betrachtet, bei denen sich entweder ´lebensfördernde´ und ´lebensabträgliche´ oder ´lebensabträgliche´ Planetenkräfte untereinander verbinden. ... Das Prinzip, das der Bewertung der Konjunktionen zugrundegelegt wurde, spielt endlich auch eine wesentliche Rolle bei der endgültigen Bewertung einer Winkelverbindung zweier Planeten. Harmonische Winkelbeziehungen zwischen ´lebensfördernden´ Planeten oder Elementen sind recht eigentlich harmonische, disharmonische unter solchen wirken zwar nicht durchweg harmonisch, aber doch in einem viel geringeren Maße disharmonisch, als z. B. solche zwischen ´lebensfördernden´ und ´lebensfeindlichen´ einerseits, ´lebensfeindlichen´ untereinander andererseits."

Bei der Deutung der einzelnen Aspekte tauchen die im Sinne unserer gängigen Moral- und Glücksvorstellungen „negativen" Entsprechungen, nämlich bei den disharmonischen Winkeln, nicht aber bei den harmonischen Winkeln auf. Diese Wertung wird erst von **Thomas Ring** wirklich überwunden.

Thomas Ring

Thomas Ring ist Ihnen in seinen Gedanken aufgrund der vorhergehenden Kurse und der Tatsache, daß seine *Astrologische Menschenkunde* (ein Name, den ich nicht nur zufällig für diesen Lehrgang übernommen habe) „Pflichtlektüre" war, bereits ein Begriff.

Um die klassische Einteilung der Aspekte endgültig von jedem Rest Wertung in „gut" und „schlecht" zu befreien, wählte er ein völlig wertneutrales

24. Nach der in dieser Astrologischen Menschenkunde in Übereinstimmung von **Thomas Ring** vertretenen Auffassung, sind alle Planeten per definitionem lebensfördernd, sie sind geradezu Grundnotwendigkeiten des Lebens schlechthin, wie wir gelernt haben. Klöckler bezieht sich hier auf eine Einteilung, von der er sich nur teilweise distanziert. Man sprach früher nämlich von sog. Wohltätern (Jupiter, Venus) und sog. Übeltätern (Mars, Saturn, Uranus). Eine Zwischenstellung nahmen Sonne, Mond, Merkur und Neptun ein.

Begriffspaar als Namen für diese zwei Klassen von Aspekten: synthetisch und analytisch.

Thomas Ring kennzeichnet Aspekte als „analytisch" oder „synthetisch"

„Wir weichen darin ab von den meist vertretenen Anschauungen in der Astrologie, herrührend aus der antiken Sicht des Menschen. Nach diesen Anschauungen enthält das Geburtsbild angeblich einen gleichbleibenden Charakter mit fertigen Eigenschaften sowie das diesem Einzelnen vorbestimmte Schicksal in Form unausweichlicher Ereignisse. Aspekte wurden in dieser Betrachtungsweise als gut oder schlecht gewertet, sowohl hinsichtlich der Charakterzüge als auch der Lebenswendungen. Sie gleichen Drähten eines Puppenspiels, durch die, wer zum Lächeln bestimmt ist, immer in freundliche Lagen, wer zum Weinen bestimmt ist, in traurige und enttäuschende Lagen geführt wird, Mechanismen, welche den zornmütig Gespannten zu unüberlegten Handlungen reizen, den Hochmütigen zu Übergrifflichkeiten, und den Hemmungsbepackten stets hindern, zu vollführen, was er im Herzen möchte.

In Wirklichkeit nimmt der Mensch *ändernd* teil an dem, was er erlebt. Wohl gibt es innerseelische Mechanismen. Doch lenken sie nicht *von oben her* starre Figuren eines Puppenspiels, sondern sind eingeborene Federn und Hebel oder auch Gewissensschrauben unserer Erwartungen, Aufwallungen, Täuschungen, Projektionen und Regressionen, Besinnungspunkte. ... In den Aspekten, als den Spannungsformen, ist somit eine mitgebrachte Problematik ausgedrückt. Wir nennen sie die *endogene Problematik*, sie bleibt im Prinzip dieselbe. Anschaulich aber wechseln die gegenständlichen Einkleidungen als *exogene Problematik*, den Anschein hervorrufend, Konflikte sowie die Mittel und Wege ihrer Lösung kämen nur von außen.
...

Kombinieren sich zwei Wesenskräfte im Aspekt, so verstehen wir unter synthetisch (harmonisch) und analytisch (dissonant) je eine bestimmte Form ihrer Wechselwirkung. Die Aussage betrifft den Ansatz, nicht das Ergebnis, ein Problem, nicht seine Lösung. ... Gemeint (mit dem Wort Aspekt = „Anblick", Niehenke) ist nicht „freundliches oder feindliches Anblicken" nach mittelalterlicher Version der beiden Aspektklassen, sondern Saturn kehrt im Aspekt etwa zu Mars andere Züge hervor als im Aspekt zu Mond oder Venus, ebenso Jupiter, Mars usw. ihrerseits. Wir haben also in jedem Aspekt zweierlei zu kombinieren: zuerst die inhaltlichen Züge der Wesenskraft, welche im Verhältnis zu einer anderen geweckt werden, hinzutretend dann die synthetische oder analytische Spannungsform.

Wir sprechen von *Spannungsformen*, denn in der seelischen Dynamik erzeugt sich analog jedem Aspekt eine *Äußerungsspannung*. **Kombination von Wesenskräften heißt keineswegs, daß sich ihre Eigentümlichkeiten einfach ´mischen´oder ´legieren´, auch nicht bei der Konjunktion, demjenigen Verhältnis, in dem zwei Kräfte gleichgerichtet zusammenwirken.** (Hervorhebung durch Niehenke) Die Eigenart der beiden Kräfte bleibt dabei gewahrt. ...

Die Opposition

Zwar benennt Opposition immer eine Gegensatzspannung zweier Kräfte. Stellen wir nun zwei Antriebssymbole wie Sonne und Mars gegeneinander, so bedeutet dies eine Hochsteigerung, Aktivität nach zwei Seiten. Gleich steht gegen gleich. Stellen wir zwei beharrende, formbestimmende Faktoren gegeneinander wie Saturn und Venus, so bedeutet es Festlegung, Bindung in zweierlei Richtung. Wieder steht gleich gegen gleich. Die Schwierigkeiten im betreffenden Menschen entspringen daraus, **daß sich die Verwandtschaft der Kräftegruppe *summativ* geltend macht.**
...

Das Quadrat

Wir rechnen die Quadratur zu den analytischen Aspekten. Dies will besagen, daß *zwei Wesenskräfte mit ihrer Eigenart sich gegeneinander absetzen,* was natürlich bei einer Quadratur zwischen Venus und Jupiter, den beiden ́Wohltätern ́der Vulgärastrologie, ganz andere Erscheinungen hervorbringt. ... Bei Venus und Jupiter besteht der Konflikt darin, daß der Sinnengenuß das vernünftige Maß zu überschreiten droht, oder sich sonstwie nicht danach richtet, andererseits die Expansität am Sinnlichen anknüpft, nur eben ein ́Zuviel ́das Streben aus dem Gleichgewicht herauswirft. ́Dissonant ́ist an solchen Aspekten das willkürlich Abgetrennte und Verselbständigte, *krank* wird der Mensch erst, *wenn die Rückverbindung zum Ganzen abreißt.* ... Die gleiche Spannung, die den einen niederwirft, wird dem anderen zum *Entwicklungsansporn* aus Einsicht in die Notwendigkeit, den Konflikt *in sich* zu lösen.

Synthetische Aspekte

Umgekehrt liegt das Problem bei den synthetisches Aspekten. ... Dennoch (...) bewerten wir den Aspekt nicht als ́gut ́. Er ist ́harmonisch ́, insofern seine Spannung aufgeht im Herbeiführen brauchbarer Lösungen. Doch fehlt ihm, wenn nicht Dissonanzen anderer Art sich anreihen, jener Aufforderungscharakter, der *über den angeborenen Zustand hinausweist.* ... Verdienstlos mitgegebene Synthesen lassen die Kräfte oft an Belangloses sich verausgaben. Konfliktmangel, relative Spannungslosigkeit, stumpfen die Wachsamkeit ab, Fortfall von Zwangslagen bei hinzutretender Verwöhnung begünstigen die Empfindlichkeiten der Prinzessin auf der Erbse. Tritt dann Bedrängendes in radikal neuer Form heran, zumal bei kollektiven Umwälzungen, so erweist sich die ́Gunst der Konstellationen ́ manchmal als ein Danaergeschenk[25]." (S. 243ff.)

Stephen Arroyo

Arroyo ist ein Vertreter einer psychologisch-esoterisch orientierten Astrologie. Er studierte in Californien Psychologie und schrieb seine Examensarbeit über eine Synthese von Astrologie und Psychologie. Für seine Arbeit erhielt er von der British Astrological Association den *Astrology Prize.*

---

25. Geschenk, dessen Annahme gefährlich ist. Geht auf die Geschichte vom „Trojanischen Pferd" zurück.

Dem Kapitel über die Aspekte stellt **Arroyo** ein mittelalterliches alchemistisches Zitat voran: „For a tree´s branches to reach to heaven, its roots must reach to hell."[26]

Er berichtet dann, daß astrologische Lehrbücher in früheren Zeiten (und leider auch noch heute) von Gestirnskonstellationen in einer simplen, fatalistisch orientierten Gut-Schlecht-Wertung sprachen. Seines Erachtens sind aber moderne psychologisch orientierte Astrologen manchmal ins entgegengesetzte Extrem verfallen: „Was früher als ein ´schwieriger Aspekt´ angesehen wurde, wurde nun mit allerlei Art Idealisierung und mit blumenreicher Sprache versüßt, und die Tatsache, daß einige dieser Aspekte nicht nur reale Probleme für eine Person bedeuten, sondern auch ernste Störungen oder negative Charaktereigenschaften mit sich bringen können, wurde ignoriert."

Arroyo nennt Aspekte „dynamisch" (herausfordernd) und „harmonisch" (fließend)

Nun ist das Leben ja in der Realität voller Schwierigkeiten. Und wenn wir das Geburtshoroskop eines Menschen als ein umfassendes Symbol seiner Möglichkeiten und typischen Muster seiner Art der Selbstverwirklichung betrachten, dann muß es Hinweise auf bedeutsame Lebenskrisen enthalten. Solche Krisen sind für **Arroyo** Möglichkeiten, die *Lektionen* zu lernen, die unser Wachstum und unsere Reifung fördern.

Es gibt Menschen, und dies kann man aus dem Horoskop nicht ersehen, die stehen den Herausforderungen ihres Lebens (die sich im Horoskop ausdrücken) in einer optimistischen Weise gegenüber, sie nehmen bestimmte Belastungen als *natürlich* hin. Wenn der astrologische Berater solchen Klienten gegenüber die problematische Seite einer Konstellation zu stark hervorhebt, erleben diese Menschen dies als wenig konstruktive Dramatisierung. Gerade solche Menschen reagieren mit Interesse, wenn der Berater diese Aspekte als *Herausforderungen* formuliert, denen der Horoskopeigner sich in seinem Leben stellen muß, Aufgaben sozusagen, an denen er sich bewähren kann.

Arroyo gibt daher den beiden Aspektklassen noch einmal andere Namen. Er nennt sie:

Dynamisch oder *herausfordernd* (challenging) und *harmonisch* oder *fließend*.

Die dynamischen Aspekte, sagt er, korrespondieren mit der Erfahrung von inneren Spannungen und veranlassen den Horoskopeigner üblicherweise zu irgendeiner entschiedenen Handlung oder führen zumindest zu größerer Bewußtheit in dem Lebensbereich, der durch den Aspekt angesprochen wird.

Die harmonischen Aspekte korrespondieren mit Fähigkeiten, mit Begabungen, spontanem Verständnis für bestimmte Zusammenhänge und bestimmten Ausdrucksmöglichkeiten, die dem Individuum relativ mühelos

26. Damit die Zweige eines Baumes den Himmel erreichen können, müssen seine Wurzeln bis in die Hölle hinabreichen.

zur Verfügung stehen. Seiner Meinung nach weisen die harmonischen Aspekte auf ein *Potential* für die Entwicklung außergewöhnlicher Begabungen in einem bestimmten Feld. Den Unterschied zu den dynamischen Aspekten sieht **Arroyo** hauptsächlich darin: Die harmonischen Aspekte weisen auf *Zustände*, spontan vorhandene Kanäle für den Selbstausdruck, die dynamischen Aspekte dagegen deuten auf Bereiche, in denen der Horoskopeigner die Notwendigkeit fühlt, sich *anzustrengen*, um *neue Kanäle* des Selbstausdrucks für sich zu entwickeln.

John Addey: „Harmonics"

Der Schweizer Astrologe **Karl-Ernst Krafft** (1900 - 1945, gestorben im KZ Buchenwald) führte in den 30er Jahren eine Reihe von statistischen Untersuchungen durch, bei denen es unter anderem um die Untersuchung der Bedeutung der Tierkreiszeichen ging. Folgende Studie soll kurz beschrieben werden:

Addey analysiert seine eigene Biografie astrologisch

Auf der Basis von Tagebüchern, alten Briefen, Souvenirs usw. konnte er für 22 Jahre seines Lebens (von 1917 - 1938) jedem Monat eine *Gewichtung* im Hinblick auf die Bedeutung der Ereignisse dieses Monats geben, die von 0 (unbedeutend) bis 5 (sehr bedeutsam) reichte. Zudem wurde jedes Gewicht als positiv (+) oder negativ (-) eingestuft.

Die Kurve, die er erhielt, zeigte eine Schwankung von zwei sich überlagernden Zyklen (siehe hierzu Kap. 1): Einem Sonnen-Zyklus mit einjähriger Dauer und einem Mars-Zyklus mit der Dauer von 1,88 Jahren. Er fand auch Zyklen für Venus und Merkur, doch waren diese weniger ausgeprägt.

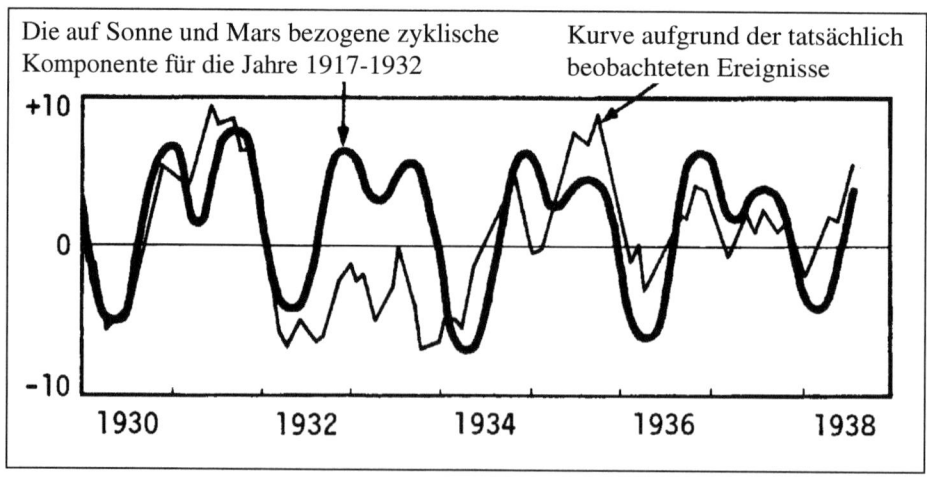

Die auf Sonne und Mars bezogene zyklische Komponente für die Jahre 1917-1932

Kurve aufgrund der tatsächlich beobachteten Ereignisse

Er machte dann folgendes Experiment: Er bestimmte die Kurven für die ersten 15 Jahre anhand der entsprechenden Ereignisse. Wenn er die Kurve, die er dabei erhielt, für die verbleibenden 7 Jahre weiterführte, dann deckte sich diese aus den ersten 15 Jahren berechnete Kurve sehr gut mit der Kurve, die er aufgrund seiner Aufzeichnungen und Gewichtungen der Ereignisse für diese Jahre zeichnen konnte (siehe Abbild). Wenn man die beiden Kurven auf die Tierkreiszeichen bezog, dann zeigte sich, daß sie symmetrisch um die Achse 0° Widder - 0° Waage angeordnet waren, die Kurve sich allerdings in keiner Weise mit den Grenzen der traditionellen Tierkreiszeichen deckte.[27] Es stellt sich also die Frage, ob die Einteilung des Tierkreises in 12 starre Abschnitte den Tatsachen entspricht.

Nach Addey stellt die 12teilung des Tierkreises nur einen Sonderfall dar - es gibt noch viele andere wirksame Teilungen ...

John Addey wußte von den Arbeiten **Kraffts** nichts, aber die Ergebnisse seiner Studien weisen in dieselbe Richtung. Er untersuchte Tausende von Horoskopen von Angehörigen bestimmter Berufsgruppen (z. B. etwa 7.000 Ärzte, 3.000 Künstler, 4.000 Geistliche usw.) und fand heraus, daß die Planetenpositionen und planetaren Beziehungen sich nicht mit der starren Einteilung in 12 gleich große Abschnitte der Ekliptik deckten, sondern daß es zyklische Schwankungen („Wellen", siehe Kap. 1) gab, die über die traditionellen Grenzen der Tierkreiszeichen hinweggingen. Wenn man diese Kurven einer sog. „harmonischen Analyse" [28] unterzog, zeigte sich, daß jede Berufsgruppe durch die Kombination von für diese Gruppe charakteristischen „Harmonics" (Harmonien) zu kennzeichnen war. Es zeigte sich also, daß die Verteilung der Planeten in den Horoskopen dieser Gruppe nicht über den ganzen Kreis gleichmäßig war, aber auch nicht analog der 12 bekannten Tierkreiszeichen, auch nicht, wie man vielleicht erwarten könnte, in den Abständen, die durch die Aspekte nahegelegt werden (also z. B. 90°, 120° usw.), sondern es gab auch Zyklen von 27°42' (ein Wert, der sich aus der Teilung des Kreises durch 13 ergibt).

Im ersten Kapitel haben wir am Beispiel der Arbeiten der **Gauquelins** eine Gruppe von Menschen gefunden (berühmte Sportler), in deren Horoskopen Mars analog der 4. Harmonie (also analog der Teilung des Kreises durch 4) verteilt ist (siehe Seite 10). Wäre die Tierkreiszeichen-Einteilung so grundlegend, wie wir es als Astrologen voraussetzen, müßte eigentlich in den meisten Studien die 12. Harmonie zu finden sein. Dies ist aber nicht der Fall.

Wenn wir nun gefunden haben, daß in bestimmten Gruppen von Menschen die Planeten gehäuft an bestimmten Stellen des Horoskops zu finden sind: Wie sollen wir das deuten? **John Addey** ist der Auffassung, daß jede Teilung des Kreises (jede Harmonie) eine dieser Teilungszahl entsprechende

---

27. Der Astrologie-Forscher **Geoffrey Dean** leitet daraus als Folgerung ab, daß der Zodiak möglicherweise nur für die Sonne gültig ist, daß also jeder Planet seinen eigenen Tierkreis hat (daß nur der Frühlings-/Herbstpunkt verläßlich ist). Er meint, daß es auch eigentlich nicht logisch sei, für alle Planeten eine Einteilung der Ekliptik vorzunehmen, die ausschließlich von der Sonne abgeleitet ist.

28. Sie dient dem Auffinden von Zyklen in einem Datensatz: Die aufgrund von Experimenten gefundenen Daten ergeben ja häufig sehr „rauhe" Kurven (Zick-Zack-Kurven), deren Muster ohne eine weitere mathematische Analyse oft nicht ohne weiteres zu sehen ist (Es gibt schließlich viele sich gegenseitig überlagernde Einflüsse für jedes in der Natur vorkommende Merkmal, insbesondere natürlich für etwas so Komplexes wie die Berufswahl. Man kann also gar nicht erwarten, daß die Kurven, die man aufgrund astrologischer Elemente findet, ein glattes, eindeutiges Muster zeigen; zu viele andere Faktoren sind am Zustandekommen solcher Kurven mitbeteiligt).

zahlensymbolische Bedeutung hat (siehe dazu den Abschnitt „Zahlensymbolik" in Kap. 3). Mit welchem Recht er bestimmten Zahlen eine bestimmte Bedeutung zuweist, spricht er nicht ausdrücklich aus: Es ist eine Mischung aus den pythagoreischen *Spekulationen*, aus *Analogiedenken* (wenn der Zwei die *Polarität* entspricht) und *Beobachtung* (empirischer Überprüfung). Den Aspekt der Beobachtung möchte ich zum Schluß durch eine Studie von **Addey** über Geistliche veranschaulichen:

Jede Teilung hat eine bestimmte „Bedeutung"

Die Zahl **Sieben** hat für **Addey** mit „religiösen Angelegenheiten" im weitesten Sinne zu tun. Er untersuchte also in einer Gruppe von 1974 Geistlichen die Verteilung der Sonnenposition (Abbildung b in der Grafik). Er wandte dann auf die erhaltene Kurve der Verteilung der Sonne im Tierkreis eine *harmonische Analyse* an und erhielt die Kurve in Abbildung a, wobei der abgebildete Zyklus 360° entspricht, der, wie wir sehen, in 7 Zyklen unterteilt ist. Genauer gesagt ist diese Kurve eine Zusammensetzung aus der 7. Harmonie und der 49. Harmonie (7 mal 7) sowie der 98. Harmonie. Zu Kontrollzwecken sehen wir in Abbildung **c** die Verteilung in einer *Kontrollgruppe* von 1974 Menschen mit den gleichen psychosozialen Merkmalen (mit Ausnahme des Berufs *Geistlicher*). Sie sehen, daß die ausgeprägten Schwankungen in der Kurve b (die ein Hinweis auf das Vorliegen einer Harmonie sind) in der Kontrollgruppe fehlen (die „Zacken" sind dort sehr unregelmäßig verteilt und haben eine wesentlich kleinere Amplitude).

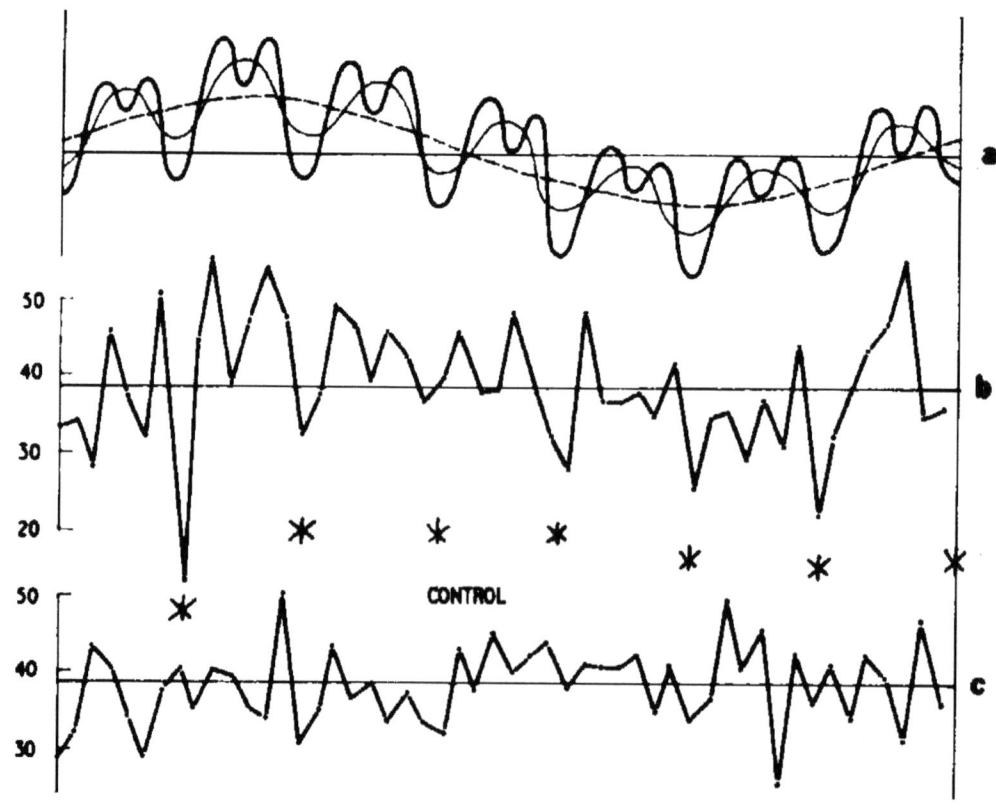

Kapitel 5

Statistische Untersuchungen über die Wirksamkeit der astrologischen Aspekte *

Das Thema Astrologie und Statistik ist in der astrologischen Forschung sehr kontrovers: Auf der einen Seite steht eine wachsende Zahl teils sehr „hemdsärmelig" durchgeführter Untersuchungen, deren wahrer Ursprung mehr in der Freude an technischen Spielereien mit den neu entwickelten Computern zu liegen scheint, denn in wirklichem wissenschaftlichem Engagement. Auf der anderen Seite steht eine dezidierte Ablehnung jeglicher Statistik in der Astrologie, weil sie den komplexen Aussage-strukturen, die sich aus dem Horoskop ergeben, nicht angemessen sei.

Zum Stellenwert der Statistik

Jede Regel ist im Kern eine statistische Aussage

In Wahrheit kann es jedoch gar nicht um die Frage gehen, ob Statistik eine Methode in der astrologischen Forschung sei; es geht eigentlich nur darum, ob *gute* oder *schlechte* Statistik, denn Statistik betreiben die Astrologen heute und betrieben die Alten von Beginn an, zumindest seit dem Moment, an dem sie die erste astrologische Regel formulierten. Selbst einmal angenommen, diese Regel sei auf dem Wege der „Erleuchtung" oder „Eingebung", also nicht durch Erfahrung, d. h. Beobachtung, gewonnen worden: In dem Moment, wo man sie als Regel formuliert, macht man direkt oder indirekt eine Aussage über Häufigkeiten. Man behauptet näm-lich, daß bestimmte Wesensmerkmale mit einer bestimmten Konstellation eher, d. h. häufiger, verknüpft sind als mit anderen Konstellationen - und damit ist man bei der Statistik.

Wir wenden, ohne es uns bewußt zu machen, ständig statistische Prinzipien an

Wir wenden in vielen Situationen unseres Lebens unbewußt statistische Methoden an, mindestens immer dann, wenn wir Möglichkeiten gegen-einander abwägen. Wenn jemand über ein Minenfeld gehen müßte und hätte die Wahl zwischen einem Feld, auf dem irgendwo eine einzige Mine liegt, und einem anderen Feld, auf dem viele Minen liegen: Welches Feld würde er wählen? Bedenken wir, daß er sehr wohl auch bei dem stark ver-minten Feld unbeschadet hinüberkommen könnte, wenn er den richtigen Weg geht. Dennoch wird er selbstverständlich das andere Feld wählen! Warum? Weil die *Wahrscheinlichkeit* dort wesentlich größer ist, daß ihm nichts geschieht.

Diese Dinge sind uns so selbstverständlich, daß es manchem unverständ-lich erscheinen mag, warum ich sie hier so ausführlich ausbreite. Doch die Erfahrung zeigt leider, daß manche, wenn es um Astrologie geht, diese Dinge wieder vergessen! Statistik wird oft als eine dunkle Angelegenheit

* Vortrag anläßlich des zweiten Astrologie-Weltkongresses in Luzern, Ostern 1984

angesehen, die irgend etwas mit vielen Zahlen zu tun hat und zuweilen irreführende Resultate liefert. Darüber wird vergessen, daß wir täglich Wahrscheinlichkeitsschlüsse vornehmen, und sei es auch nur bei der Frage, ob wir nun einen Regenschirm mitnehmen oder nicht, wenn wir an einem regnerischen Tag einen Spaziergang machen. Was wissenschaftliche Statistik von dem Beispiel hier unterscheidet, ist einzig die Tatsache, daß sie genauer aufpaßt, wie Wahrscheinlichkeitsschlüsse zustande kommen und angewendet werden dürfen.

Das Verhältnis des Ganzen zu seinen Teilen

Einer der Haupteinwände gegen statistische Methoden in der Astrologie ist immer wieder die Feststellung, man könne das Horoskop nicht in Teile zerlegen, man könne also nicht einzelne Konstellationen untersuchen, weil der Gesamtzusammenhang dabei verlorengehe. Bei dieser Argumentation werden aber zwei Dinge miteinander verwechselt: Es ist zwar sehr richtig, daß ich niemals aus einer Einzelkonstellation etwas Bindendes über ein ganzes Horoskop und damit über den Horoskopeigner aussagen kann, denn jede Einzelkonstellation erhält ihre spezifische Bedeutung tatsächlich erst durch den Gesamtzusammenhang, durch die „Gestalt" des ganzen Horoskops, wenn man so will. Dies heißt aber keineswegs, daß man nicht bei Untersuchungen von Gruppen von Horoskopen Einzelkonstellationen sehr wohl überprüfen kann! Ich verdeutliche dies vielleicht an einem Beispiel, bei dem der Zusammenhang anschaulicher ist: Nehmen wir das Einzelmerkmal „Trunkenheit", und nehmen wir dazu die Aussage, daß „Trunkenheit am Steuer" zu Unfällen führt. Hier ist die Situation ähnlich wie bei der Deutung eines Horoskops. Auch hier kommt es nämlich, um einen Unfall prognostizieren zu können, sehr auf den Gesamtzusammenhang an, denn nicht jeder Betrunkene macht tatsächlich einen Unfall. Es spielen Dinge herein wie Witterungsbedingungen, Sichtverhältnisse, Zustand des Pkw, Belebtheit der befahrenen Straße usw. Es gibt viele Bedingungen, die nötig sind, damit der Unfall dann tatsächlich passiert.

Dennoch kann die Regel „Trunkenheit am Steuer erhöht die Unfallgefahr" überprüft werden. Man nimmt einfach 1000 Fahrer unter Alkoholeinfluß und 1000 Fahrer ohne Alkoholeinfluß und zählt die Unfälle! Wie anders wollte man auch überhaupt feststellen können, daß „Alkohol am Steuer" die Unfallgefahr erhöht, als dadurch, daß man einfach nachschaut, wie hoch der Prozentsatz der Unfälle bei den Betrunkenen und den Nüchternen ist.

Wie sind die Regeln entstanden?

Ähnlich kann man auch bei der Überprüfung einer astrologischen Regel verfahren. Wenn die Regel einen Sinn hat, dann muß das behauptete Merkmal bei Menschen, die die entsprechende Konstellation haben, öfter auftreten als bei jenen, die diese Konstellation nicht haben (so wie Betrunkene öfter in Unfälle verwickelt sein müssen als Nüchterne). Wenn dem nicht so wäre, wie sollte die Regel auch je entstanden sein? Astrologen lieben es, Behauptungen durch Hinweis auf ihre Erfahrung zu bekräftigen, etwa: „Bei dieser Konstellation habe ich immer wieder gefunden, daß . . ." Sie stellen also definitiv Regeln über zu erwartende Häufigkeiten auf, behaupten damit im Prinzip also etwas ganz Ähnliches wie der Wissenschaftler von der Untersuchungsstelle für Verkehrstauglichkeit.

Statistische Prüfungen kehren den Prozeß, der zum Auffinden einer Regel führte, einfach um

Und nun geht man einfach her und dreht den Prozeß wieder um: *Gefunden* worden war die Regel dadurch, daß aufgefallen war, daß Leute mit der Konstellation „Y" oft das Verhalten „X" zeigen. Jetzt suchen wir also Leute mit der Konstellation „Y" und schauen nach, ob sie tatsächlich das Verhalten „X" öfter zeigen als die Leute ohne diese Konstellation. Das ist alles.

Ich weiß, daß mancher Astrologe jetzt denkt: „Aber es gibt doch so viele Konstellationen, die die hier untersuchten Effekte einer Konstellation abschwächen können oder die ersatzweise statt der untersuchten Konstellation zu dem entsprechenden Verhalten führen." So kann doch eine Konjunktion zwischen Mars und Mond ähnliche Verhaltensweisen zeitigen wie ein Aszendent Widder. Das ist richtig! Dennoch: Die Erfahrung soll doch gezeigt haben, daß die angenommene Konstellation *allein* zumindest *auch* verantwortlich ist. Wenn sie das nicht wäre, dann hätte man doch diesen Zusammenhang auch nie entdecken können, er hätte sich nämlich, anders ausgedrückt, der *Entdeckung* genauso entzogen, wie er sich nun der Überprüfung entziehen soll, indem er von sog. „Austauschkonstellationen" verwischt worden wäre.

Ein Beispiel: Ein Kontakt zwischen Sonne und Saturn erhöht die Wahrscheinlichkeit für depressive Verstimmungen. Ganz im Gegensatz dazu vermindert ein Jupiter-Sonne-Kontakt diese Gefahr. Wenn wir nun Menschen, die einen Jupiter-Sonne-Aspekt haben, mit solchen vergleichen, die einen Saturn-Sonne-Aspekt haben, so sollte man doch erwarten, daß letztere häufiger über depressive Verstimmungen klagen als die Jupiter-Gruppe. Und damit sind wir beim Thema meiner Untersuchung.

Die Untersuchung

Der erste Schritt bestand in der Entwicklung eines Fragebogens. Dieser Fragebogen war mein Meßinstrument: Er umfaßt insgesamt etwa 500 Fragen, die auf 16 Seiten dargeboten wurden. Ich versuchte damit, astrologische Typen zu erfassen, z. B. die Stärke, mit der jemand sich als „Widder" fühlt oder als „Stier", unabhängig davon, ob er in seinem Horoskop nun eine Betonung dieser Zeichen hat oder nicht. Anschließend prüfte ich dann, ob jemand, der eine ausgeprägte Stier-Betonung in seinem Horoskop aufweist, sich auch wirklich typisch für den Stier empfindet und beschreibt.

In bezug auf das vorher gegebene Beispiel eines Sonne-Saturn-Kontakts sind vielleicht folgende Fragen meines Fragebogens als relevant zu betrachten:

Frage 404:   Ich habe in meinem Leben viel Pech gehabt.

Frage 408:   Ich bin eher skeptisch veranlagt. Meist stelle ich mich schon von vornherein auf Enttäuschungen ein.

Frage 413: Ich habe ein strenges Gewissen, entwickle schnell Schuldgefühle.

Meines Erachtens steht die Angemessenheit dieser Fragen für das Thema Sonne-Saturn außer Zweifel. Doch für den Fall, jemand vermute, die Fragen seien nicht sehr geschickt gewählt, hier ein Auszug aus der Beschreibung des analytischen Sonne-Saturn-Aspekts von Thomas Ring (Astrologische Menschenkunde, Bd. III, Seite 268): „Oft ist es ein unerklärliches ‚Pech-Haben', Zu-spät-Kommen, Gelegenheiten-Verpassen... viele behindern sich durch Unglückserwartung... Schwache Naturen, von Haus aus menschenscheu, verdrießlich, versinken in Pessimismus... Meist spielen Probleme von Schuld und Strafe, formellem Recht oder Unrecht eine Rolle."

12.000 verteilte Fragebögen

Von dem auf diese Weise konstruierten Fragebogen, der zudem sicherheitshalber auch einen kompletten psychologischen Standardfragebogen enthält, habe ich insgesamt 12.000 Exemplare verteilt. Diese hohe Zahl war möglich, da einige Tageszeitungen und Zeitschriften in Artikeln auf die Untersuchung aufmerksam machten. Man konnte dann bei mir die Fragebogen anfordern. Von den 12.000 verteilten Fragebögen sind leider nur - aber immerhin doch - 3.500 ausgefüllt zurückgesandt worden, davon etwas mehr als 2.100 mit verläßlicher, d. h. amtlicher Geburtszeit-Angabe.

Um einen Eindruck von dem organisatorischen Aufwand zu geben, den eine solche Untersuchung erfordert: 12.000 16seitige Fragebögen ergeben 96.000 Blätter DIN A4, zuzüglich 2.4000 weitere Blätter für Begleitschreiben und Formular zum Anfragen der Geburtszeit beim Standesamt. Dazu etwa 4.000 große Kuverts zum Verschicken der Fragebögen. Das ergibt einen Papierberg in der Größe eines Wohnzimmerschrankes. Die 3.500 Fragebögen, die zurückgekommen sind, müssen zur Verarbeitung EDV-gerecht erfaßt werden; sie beinhalten etwa 2.000.000 Daten. Diese Daten auf Computerkarten abzulochen, erforderte ein Jahr Arbeit von vier von mir angestellten Hilfskräften, die in ihrer Freizeit an den Lochkartenmaschinen saßen und die Fragebogendaten ablochten. Zu diesen 2.000.000 erhobenen Daten kommen noch einmal etwa 2.000.000 errechnete Daten der jeweiligen Horoskope (Planeten in Zeichen, in Häusern, Aspekte, Gauquelin-Sektoren etc.).

3.259 Fragebögen konnten ausgewertet werden

Es versteht sich von selbst, daß eine solche Datenmenge nur durch Mithilfe von Computern zu bewältigen ist. Aber auch ohne die Mithilfe einiger ehrenamtlich arbeitender Astrologie-Freunde und einiger nicht unbeträchtlicher Spenden hätte die Untersuchung nicht zu Ende geführt werden können. Die Universität trug die Rechenkosten für die rein statistischen Auswertungen - die allerdings nicht unbeträchtlich sind-, da es sich um eine Dissertation handelt. Mein eigener Computer rechnete ununterbrochen 50 Stunden lang, um die 3.259 endgültig für die Untersuchung aufgenommenen Horoskope zu berechnen.

Ergebnisse

Ich habe in den Fragebogen eine Reihe von Fragen aufgenommen, die sich in ihrer Formulierung direkt auf bestimmte Aspekte beziehen. Dabei habe ich mich auf Aspekte zwischen den langsamlaufenden Planeten mit den anderen Planeten und den Eckpunkten beschränkt und von den Aspekten der anderen Planeten untereinander nur einige untersucht.[29]

Mein oben erwähntes Beispiel zeigte drei Fragen, die ich im Hinblick auf Sonne-Saturn- versus Sonne-Jupiter-Kontakte formuliert habe. Eine andere Frage meines Fragebogens bezieht sich auf einen kritischen Venus-Saturn-Kontakt:

Frage 425: „Ich habe einfach kein Glück in der Liebe."

Diese Frage interessierte mich speziell, weil ich ein Quadrat zwischen Venus und Saturn in meinem Horoskop habe und gerne wissen wollte, ob Leidensgenossen mit dem gleichen in Lehrbüchern ja auch immer wieder damit in Zusammenhang gebrachten Thema zu kämpfen haben. Eine Graphik verdeutlicht die Verteilung der Antworten bei Frage 425:

"Ich habe einfach kein Glück in der Liebe"
Ergebnisse zu Frage 425

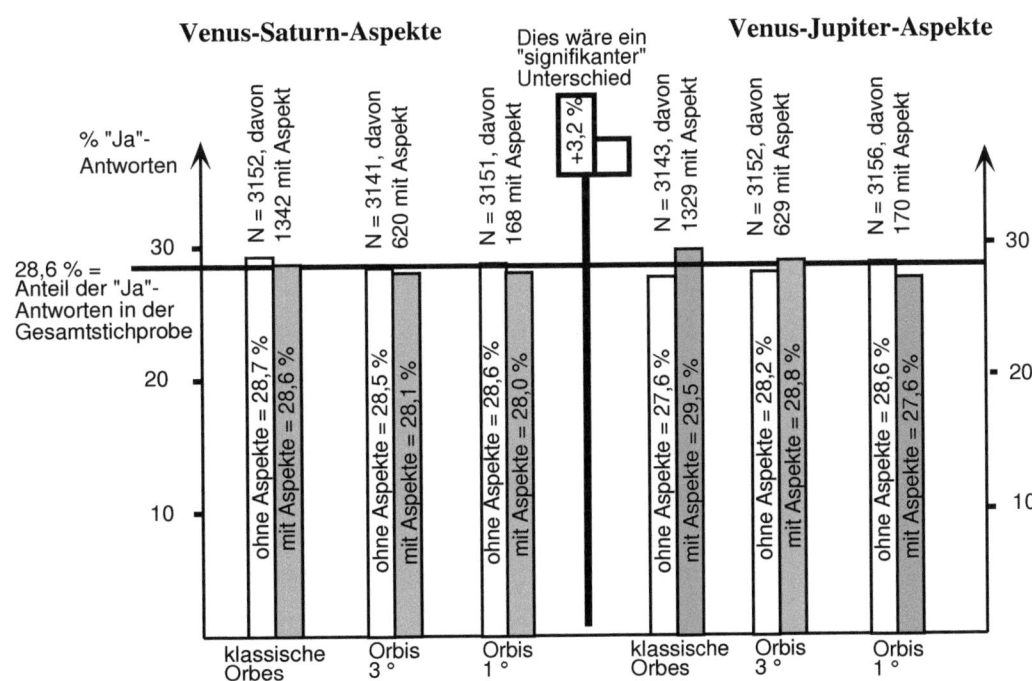

29. Es wäre kaum machbar gewesen, zu jeder der 65 möglichen Aspekt-Kombinationen zwischen Planeten und den zwei Eckpunkten, die wiederum mindestens noch in analytische und synthetische unterteilbar sind, Fragen zu formulieren. Das ergäbe, wenn jede Kombination nur eine einzige Frage erhielte, schon 130 Fragen, und mit einer Frage allein kann man kaum den Bedeutungsgehalt eines Aspekts auch nur annähernd erfassen.

Ein astrologisches Deutungsprinzip besagt, daß Menschen mit einem Venus-Saturn-Aspekt im Geburtshoroshop „Probleme" oder - anders ausgedrückt- „kein Glück" in der Liebe haben. Hingegen wird das Liebesleben eines Menschen durch einen astrologischen Venus-Jupiter-Aspekt begünstigt: In dieser Graphik ist die Verteilung der Antworten auf Frage 425 dargestellt, die auf diese astrologischen Vorhersageregel bezogen ist. Ich habe bewußt die Venus-Saturn-Kontakte den Venus-Jupiter-Kontakten (Aspekten) gegenübergestellt. Ich vergleiche den Anteil derer, die zustimmen, „kein Glück in der Liebe" zu haben, jeweils in der Gruppe, bei denen ein Venus-Saturn- bzw. ein Venus-Jupiter-Aspekt vorhanden ist, mit der Gruppe, bei denen dieser Aspekt fehlt. In der Gesamtstichprobe haben 28,6 % auf Frage 425: „Ich habe einfach kein Glück in der Liebe" mit „Ja" geantwortet. (Gut 2/3 aller Menschen sind also im Hinblick auf die Liebe so schlecht gar nicht dran.)

Erläuterungen zur Grafik auf der vorhergenden Seite

Insgesamt konnten 3152 Fälle (= N) für diese Berechnung herangezogen werden, da ein Venus-Saturn-Winkel üblicherweise den ganzen Tag über im Orbis bleibt. Von diesen 3152 Fällen haben 1341 Horoskope Venus-Saturn-Kontakt, wenn klassische Orbes zugrundegelegt werden (erstes Säulenpaar, li.), bei einem Orbis von generell 3 Grad noch 620 Horoskope usw. Nehmen wir das Beispiel mit klassischen Orbes: 28,6% der Befragten, bei denen ein Venus-Saturn-Aspekt vorhanden war, stimmten der Frage 425 zu. Wenn der Aspekt nicht vorhanden ist, sollten es nach astrologischer Deutungsregel weniger sein - es sind aber unbedeutend **mehr**, nämlich 28,7 % der Befragten. Man könnte nun denken, der klassische Orbis ist einfach zu groß. Bei der danebenstehenden Graphik für einen Orbis von 3 Grad sieht es aber ähnlich aus. Auch hier antworten zunächst entgegen der Erwartung mehr Leute mit „Ja", die den Aspekt gar nicht haben, nämlich 28,5 % gegenüber 28,1 % mit Aspekt. Auch wenn wir den Orbis weiter verengen auf 1 Grad generell, ändert sich das Bild nicht: 28,6 % gegenüber 28,0 %. Dazu kommt, daß wir bei den Leuten mit einem Venus-Jupiter-Kontakt erwarten würden, daß die Frage „kein Glück in der Liebe" eher mit „Nein" beantwortet wird. Was wir sehen ist jedoch, daß sie überhaupt häufiger mit „Ja" beantwortet wird als bei den Venus-Saturn-Leuten, nämlich 29,5 % bei klassischen Orbes oder 28,8 % bei 3-Grad-Orbis, und nur bei einem Orbis von 1 Grad liegt sie geringfügig unter den Saturn-Werten, nämlich bei 27,6 % (letztes Säulenpaar, ganz re.). Noch auffälliger ist, daß sich dabei das Bild einfach umdreht, daß also hier die Leute ohne einen Venus-Jupiter-Aspekt offenbar „glücklichere" Bindungen anknüpfen.

Wie man sieht, ergibt sich zwischen den Leuten, die einen entsprechenden Aspekt haben, und denen, die den Aspekt nicht haben, kein wesentlicher Unterschied; insbesondere ergibt sich kein Unterschied zwischen Venus-Saturn- und Venus-Jupiter-Kontakten. Und der Unterschied, der feststellbar ist, führt zu dem überraschenden Resultat, daß Menschen mit Venus-Saturn-Kontakten eher glücklichere Beziehungen zu haben scheinen als andere, insbesondere als solche mit Venus-Jupiter-Kontakten (Einzelheiten und ausführliche Erläuterung im Text unter der Abbildung). Ich war zu Beginn geneigt, zumindest indirekt ein Ergebnis zu sehen: Mir schien, daß die Saturn-Leute sozusagen verleugnen, Pech in der Liebe zu haben, und diese Frage deshalb eher verneinen, wogegen die Jupiter-Leute, vielleicht aufgrund eines hohen Anspruchsniveaus, dazu tendieren, die Frage zu bejahen. Das würde auch im Sinne der Bedeutung der Aspekte durchaus einen Sinn ergeben.

Doch was passiert: Wenn wir einen sehr genauen Orbis von 1 Grad zugrunde legen, dann ist die Tendenz der Antwort bei Jupiter und Saturn *gleich* und nicht entgegengesetzt - und damit ist die beschriebene Argumentation nicht aufrechtzuerhalten!

Bis hierher hatte ich alle möglichen Aspekte in die Auswertung einbezogen, hatte also nicht zwischen den sog. „harten" und „weichen" Aspekten bzw. zwischen „synthetischen" und „analytischen" Aspekten unterschieden. Deshalb untersuchte ich dann die gleiche Frage noch einmal, machte aber diesmal einen Unterschied zwischen analytischen und synthetischen Aspekten (siehe Abbild nächste Seite). Wie man sieht, werden hier die Unterschiede in der vorher schon festgestellten Richtung noch deutlicher.

Diesen Teil, also die relativ markante Differenz bei den dynamischen Venus-Saturn-Aspekten mit 1 Grad Orbis, habe ich mit einer zusätzlichen Aufschlüsselung weiter untersucht. In der graphischen Darstellung ist zu erkennen, wie sich die Zahlen auf die einzelnen Arten von Aspekten verteilen: Konjunktion und Opposition fallen durch sehr niedrige Häufigkeitswerte auf (daher der niedrige Durchschnitt von 22,7 %), Quadrat und Halb- bzw. Eineinhalb-Quadrat liegen dagegen nahe dem durchschnittlichen Gesamtergebnis. Die Zahlen sind also uneinheitlich. Noch deutlicher wird diese Uneinheitlichkeit der Ergebnisse bei den Zahlen für Jupiter. (siehe folgende Seite)

"Kein Glück in der Liebe" - dynamische Aspekte

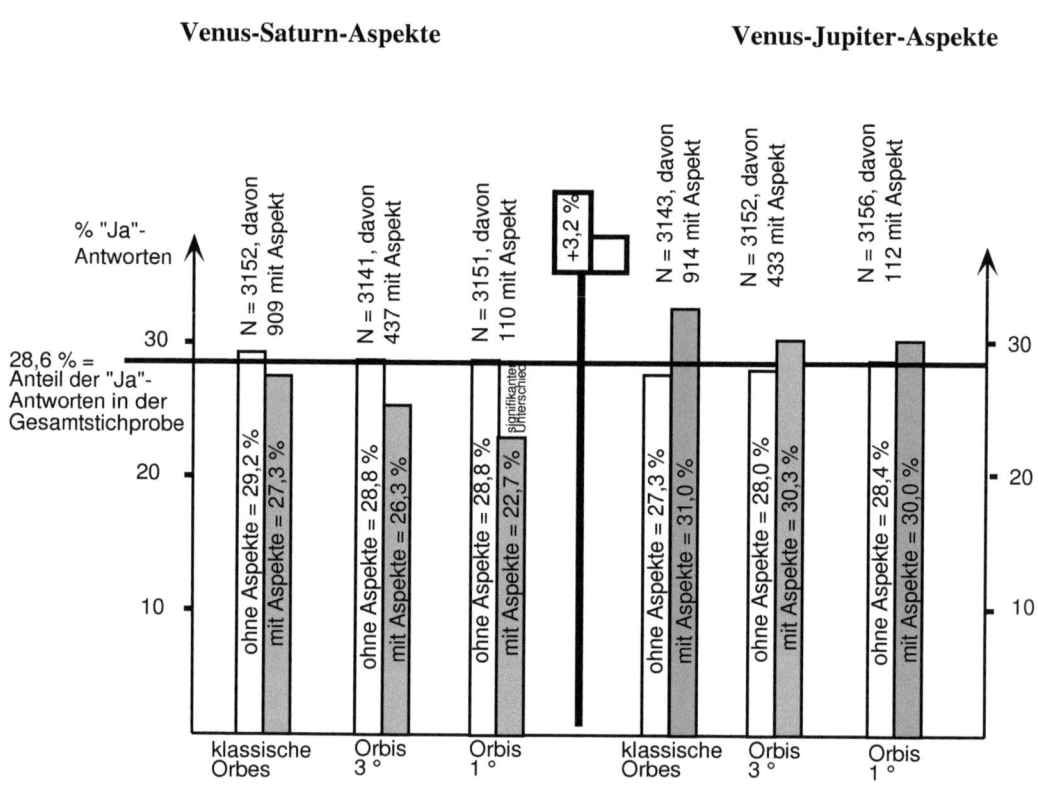

Diese Graphik stellt die gleiche Situation wie die auf Seite 39 dar, hier allerdings nur in bezug auf die sogenannten „harten" oder „dynamischen" Aspekte (Konjunktion, Quadrat und Opposition). Wie sich zeigt, werden hier die Unterschiede in der vorher schon festgestellten Richtung noch deutlicher. Eine Ausnahme davon bildet allerdings Jupiter bei I Grad Orbis (Säulenpaar ganz rechts); hier kehrt sich die vorherige Richtung um. Schon dies ist ein Hinweis darauf, daß die Ergebnisse uneinheitlich sind, in sich widersprüchlich. Sie sind durchweg auch nicht signifikant (statistisch bedeutsam) - mit der einen Ausnahme des auffälligen Unterschiedes bei Saturn, 1 Grad Orbis.

In der gleichen Weise, wie ich es hier exemplarisch für die Frage 425 dargestellt habe, habe ich folgende Fragen für jeden möglichen Kontakt von Saturn zu einem persönlichen Planeten und zu Aszendent oder MC überprüft, also Sonne-Saturn, Mond-Saturn, Merkur-Saturn, Venus-Saturn, Mars-Saturn, Saturn-Aszendent und Saturn-MC:

Kein Zusammenhang mit dem Winkel zu Saturn

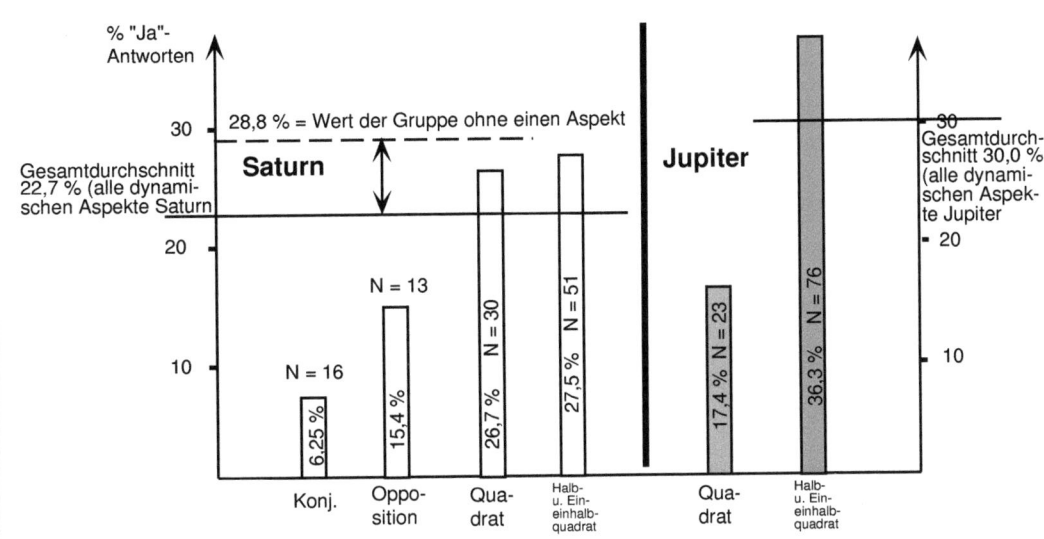

Man muß zusammenfassend zu den in diesen Graphiken dargestellten Daten sagen, daß die Ergebnisse, wenn sie signifikant sind, nicht interpretiert werden können; aber meist sind sie ohnehin nicht signifikant. Anders ausgedrückt: Es ist kein Zusammenhang nachweisbar zwischen einem kritischen Winkel von Saturn und Venus und dem Gefühl der betreffenden Personen, in Liebesbeziehungen weniger glücklich zu sein als andere.

402: Ich werde leicht von anderen Menschen ausgenutzt.

403: Ich bin ein Einzelgänger. Enge Bindungen empfinde ich oft als Bürde, wie eine auferlegte Pflicht.

404: Ich habe in meinem Leben viel Pech gehabt.

405: Spott kann ich absolut nicht ertragen.

408: Ich bin eher skeptisch veranlagt, meist stelle ich mich schon von vornherein auf Enttäuschungen ein.

410: Ich hatte, im Vergleich zu meinen Altersgenossen, eine ehebelastete Jugend.

413: Ich habe ein strenges Gewissen, entwickle schnell Schuldgefühle.

414: Ich bin ein mißtrauischer Mensch.

416: Ich bin sehr ehrgeizig.

418: Ich bin fast ein bißchen geizig.

Diese Auswahl von Fragen soll einen Einblick geben, welche Facetten des Saturn-Kontakts von mir untersucht wurden. Für jede einzelne dieser

Fragen ergab sich mit keinem möglichen Kontakt von Saturn zu Sonne, Mond, Venus, Mars, Aszendent oder MC ein greifbares Ergebnis.

Das hat mich begreiflicherweise sehr verunsichert. Ich habe daraufhin für jedes Horoskop die Gesamtzahl der Saturnaspekte berechnet, ausgehend von der Vorstellung, daß ein Horoskop mit einer Fülle von Saturnaspekten noch am ehesten zu Antworten führen müßte, die mit der Bedeutung von Saturn verknüpft sind.

Dazu als Beispiel die Ergebnisse für die Frage 408: „1ch bin eher skeptisch veranlagt, meist stelle ich mich schon von vornherein auf Enttäuschungen ein..." Bei einem Orbis von 3 Grad sind bis zu sechs Saturn-Aspekte in den Horoskopen vorgekommen. Der Anteil der „Ja"-Antworten ist jedoch bis zu vier gleichzeitig bestehenden Saturn-Aspekten ungewöhnlich konstant, nämlich 51,1 %, 54,1 %, 51,1 %, 51,0 % und 49,0%. Der Wert bei vier gleichzeitig vorhandenen Saturn-Aspekten liegt allerdings deutlich *unter* dem Wert, der auftritt, wenn gar kein Saturn-Aspekt vorhanden ist, was der Erwartung natürlich widerspricht. (Bei fünf und sechs Aspekten fand ich dann zwar sehr hoch abweichende Werte. Doch das ist nicht interpretierbar, weil die Zahlen zu klein sind. Es hätte z. B. bei sechs Aspekten nur eine Person mehr, nämlich zwei statt zufällig einer, mit „Nein" antworten müssen, und schon wäre das Ergebnis von 80 % auf 50 % zurückgefallen.) Man kann also durchaus sagen, daß auch dieser Versuch kein vernünftiges Ergebnis lieferte.

Nachdem meine zu den Aspekten entwickelten Fragen so kläglich gescheitert waren, habe ich geprüft, mit welchen Fragen denn Saturn-Aspekte von sich aus zusammenhängen. Ich habe also meine Stichprobe in zwei Zufallshälften geteilt und an der einen Hälfte überprüft, welche von den 425 Fragen mit Saturn-Aspekten korrelieren (in Wechselbeziehung stehen). Hier einige der Fragen, die ich auf diese Weise rein empirisch für einen Winkel zwischen Sonne und Saturn ermittelt habe (insgesamt korrelierten 46 meiner 425 Items (Einzelangaben) mit einem Sonne-Saturn-Winkel, die Korrelation war jeweils mindestens auf dem 5%-Niveau signifikant):

14:	Ich gehe abends gerne aus. (*Nein*),
35:	Wenn mir jemand Unrecht getan hat, wünsche ich ihm eine gesalzene Strafe. (*Nein*)
30:	Ich glaube, daß man Böses mit Gutem vergelten sollte, und handle auch entsprechend. (*Ja*)
33:	Über Vergangenes mache ich mir keine Sorgen mehr. (*Ja*)
43:	Ich habe häufiger Verstopfung. (*Nein*)
137:	Ich habe nur wenig gute Bekannte. (*Nein*)
210:	Ich bin selten in bedrückter, unglücklicher Stimmung. (*Ja*)
365:	Mir liegt das Herz nicht auf der Zunge. (*Nein*)

410:   Ich hatte, im Vergleich zu meinen Altersgenossen, eine eher belastete Jugend. (*Nein*)

Offenbar antworten die Menschen gerade entgegengesetzt der Erwartung; sie scheinen den Saturn-Einfluß leugnen zu wollen, indem sie betont das Gegenteil behaupten. Das würde ja durchaus Sinn haben. Wir alle kennen die Problematik der Überkompensation gerade bei Saturn-Einflüssen. Doch dann habe ich genau diese Fragen an der 2. Hälfte der Stichprobe überprüft (man nennt dieses Verfahren „Kreuzvalidierung"), ich habe also die zweite Hälfte der Stichprobe als Kontrolle der Ergebnisse der ersten Hälfte der Stichprobe genommen. Auf diese Weise kann man sicher sein, daß man nicht einem evtl. zufällig vorhandenen Merkmal einer Stichprobe einen Realitätswert beimißt, den es gar nicht hat. Bei keiner der oben genannten Fragen wurde das Ergebnis der ersten Hälfte bestätigt: Wie nach Zufall nicht anders zu erwarten wäre, wurden genau zwei Fragen von 40 Fragen bestätigt. Dies ist kein Ergebnis, genauso wie es kein Beweis für psychokinetische Fähigkeiten wäre, wenn jemand unter sechs Versuchen einmal eine Sechs mit einem Würfel würfelt.

Die gesamte bisher beschriebene Prozedur habe ich für die Aspekte von Jupiter, Uranus und Neptun zu den persönlichen Planeten Sonne, Mond, Merkur, Venus und Mars sowie zu den Eckpunkten wiederholt, mit gleichem negativen Resultat. Außerdem habe ich noch die Aspekte Sonne-Mars, Mond-Mars, Mond-Venus und Venus-Mars untersucht, ebenfalls ohne positives Resultat.

Schließlich habe ich versucht, über die Häuserposition zu einem Resultat zu kommen. Ebenfalls kein Erfolg.

Mit dem von mir entwickelten Fragebogen war ein Zusammenhang nicht zu ermitteln

Insgesamt war also mit den von mir entwickelten Fragen kein Zusammenhang zu ermitteln. Wie bereits erläutert, habe ich in den Fragebogen ja auch einen kompletten psychologischen Standard-Fragebogen eingebaut. (Es handelt sich dabei um den FPI, das *Freiburger Persönlichkeits-Inventar*, bestehend aus 212 Fragen.) Ich habe nun versucht, ob die Skalen dieses Fragebogens evtl. mit bestimmten Aspekten korrelieren. So wäre doch eigentlich zu erwarten, daß etwa die Skala Depressivität mit Sonne-Saturn- oder Mond-Saturn- oder Saturn-Aszendent-Winkeln zusammenhängt. Doch dem war nicht so. Auch war keine Korrelation zwischen Mond-Mars-, Sonne-Mars- oder Mars-Aszendent-Winkeln und der Skala „Spontane Aggressivität" zu ermitteln, wie ich es ebenfalls eigentlich erwartet hätte. Trotz großer Bemühungen meinerseits, in bezug auf das Thema Aspekte wenigstens ein einziges, wenn auch kleines, aber vielleicht ermutigendes positives Resultat präsentieren zu können, bleibt also die Schlußbilanz in dieser Richtung negativ. Ich habe überlegt, ob ich damit überhaupt etwas Interessantes ermittelt habe, und war dann schnell sehr sicher, daß es, so enttäuschend, wie es ist, dennoch sehr interessant ist. Vor allem würde es auf dem Wege zum Verständnis der Astrologie ja nicht einen Schritt weiterführen, wollte man nur positive Resultate veröffentlichen und die negativen immer verschweigen. Wie sollte dann aus den Fehlern der anderen gelernt werden können?

Zahlen ergeben nicht aus sich selbst bereits einen Sinn, sie bedürfen, um Sinn zu ergeben, der Interpretation. Die vorliegenden Zahlen kann man mit einiger Sicherheit so verstehen, daß die Teilnehmer an meiner Aktion sich selbst in dem Fragebogen nicht so beschrieben haben, wie man es aufgrund der Deutungen in astrologischen Lehrbüchern erwarten müßte. Wenn ich den Teilnehmern nicht unterstellen will, daß sie lügen, so kann ich daraus folgern, daß sie sich selbst auch nicht so fühlen bzw. nicht so empfinden, wie es die Aspekte in ihrem Horoskop eigentlich erwarten lassen würden. Sie sind, anders gesagt, mit lauter Jupiter-Trigonen keine Sonnyboys und mit lauter Saturn-Quadraten nicht depressiver als andere Menschen auch, zumindest in ihrer Selbstwahrnehmung!

Konsequenzen

Welche Folgerungen aus den Ergebnissen dieser Studie sind „zwingend" oder „angemessen"?

Zu sagen, diese Untersuchung hätte die Wirksamkeit astrologischer Aspekte widerlegt, wäre eine Überinterpretation. Ich habe gezeigt, daß Menschen, die ein Sonne-Saturn-Quadrat haben, sich typischerweise nicht als vom Pech verfolgt empfinden. Sollte ein Lehrbuch der Astrologie behaupten, daß Menschen mit Sonne-Saturn-Quadraten sich eher so empfinden als andere Menschen, dann allerdings habe ich diese Regel widerlegt. Sollte ein Lehrbuch behaupten, Menschen mit Sonne-Saturn-Quadraten hätten häufiger als andere Menschen Depressionen, so habe ich zumindest gezeigt, daß diese Menschen selbst davon dann aber nichts merken!

Es gibt viele Kollegen, die scheinbar der Ansicht sind, die Gesetze der kosmisch-menschlichen Beziehungen erfüllten sich mit der Präzision eines Uhrwerks. Sie sind der Überzeugung, daß das Horoskop, wenn man adäquat deutet, *Tatsachen* liefert, evtl. sogar noch minutengenau deren Eintreffen vorherzusagen erlaubt. Wenn diese Kollegen durch die Ergebnisse dieser Studie nachdenklich werden sollten, wenn sie beginnen sollten, Astrologie in einem anderen Lichte zu sehen, dann hätten sich die negativen Resultate und hätte sich die damit verbundene Enttäuschung sogar gelohnt.

Da ich Berufsastrologe bin, stellt sich für mich die Frage, wie ich mit diesen Ergebnissen umgehen will, ganz besonders zwingend. Sie erhält für mich auch dadurch eine besondere Relevanz, weil meine täglichen, in der Beratungssituation erlebten Evidenz[30]-Gefühle durch diese Ergebnisse ja nicht einfach wegzuwischen sind. Ich *erlebe tagtäglich*, daß die Interpretation des Horoskops tiefe Einsichten in das Wesen eines Menschen erlaubt. So erlebe ich es. Ich bin nüchtern genug, die Ergebnisse, die ich hier vorgestellt habe, nicht wegerklären zu wollen; diese Ergebnisse sind eine Realität. Meine Erlebnisse in der Beratungssituation sind aber ebenfalls eine Realität, und ich bin wiederum Realist genug - „Stier genug",

---

30. Evidenz = Höchste Gewißheit, einleuchtende Erkenntnis.

um es astrologisch auszudrücken -, um mich an der Tatsächlichkeit dieser meiner mit meinen Sinnen gemachten Erfahrung so ohne weiteres nicht irre machen zu lassen. Nur passen beide Erfahrungen, beide Realitäten nicht zusammen!

Mindestens werde ich durch diese Untersuchung vorsichtiger werden. Es wird mir nicht mehr so ohne weiteres von den Lippen gehen, zu formulieren: „Menschen mit dieser oder jener Konstellation neigen zu diesem oder jenem Verhalten oder Gefühl" oder gar: „Sie *sind* in ihrem Wesen so und so gelagert!" Und natürlich wird ein Großteil meiner zukünftigen Forschung der Frage gewidmet sein, wie es möglich ist, daß diese zwei widersprüchlichen Realitäten nebeneinander (in mir) bestehen[31]. Täusche ich mich, wenn ich berate? Täusche ich mich durch die Ergebnisse meiner Studie? Wenn ich mich täusche, wie kommt es zu dieser Täuschung? Oder täusche ich mich in beiden Fällen gar nicht? Wie wäre das denkbar? Haben vielleicht Untersuchungen recht, die zeigen, daß richtige Horoskopdeutungen mehr eine mediale Begabung des deutenden Astrologen belegen? Dagegen sprechen dann die Ergebnisse der **Gauquelins** denn die zeigen ja gerade, daß es *objektiv nachweisbare Zusammenhänge* gibt, die sich zudem z. T. sogar mit den Bedeutungen der tradierten astrologischen Symbolik decken. Hier bleibt sehr viel für die zu tun, die sich mit der Forschung beschäftigen.

Die meisten Regeln in den Astrologie-Lehrbüchern sind „falsch".

Ich kann in jedem Fall in Zukunft nicht mehr sagen: „Menschen mit Sonne-Saturn-Quadrat neigen zu Depressionen" - und ich kann eine ganze Reihe anderer Sätze dieser Art, die zuhauf in astrologischen Lehrbüchern stehen, nicht mehr sagen, zumindest nicht mehr mit Recht! Und wenn jemand behauptet, er könne es noch mit Recht sagen, dann möchte ich gern erklärt haben, mit welchem Recht, worauf er sich stützt. Und wenn er behauptet, es sei halt seine Erfahrung, dann ist zu fragen, ob er diese Erfahrung auch einer kritischen Überprüfung unterzogen hat und zu unterziehen in der Lage ist. Andernfalls wird Astrologie zu einer Art Religion, zu einer Sache des Glaubens! - Aber warum nicht! - Um die Astrologie und um ihren Fortbestand auch bei noch mehr negativen Resultaten braucht man sich aber sicher keine Sorgen zu machen. Eine Welt, in der Astrologie wahr ist, ist allemal eine schönere Welt als eine, in der Astrologie nicht existiert. Und dieses Gefühl, sinnvoll in ein kosmisches Ganzes eingebettet zu sein, vermittelt ein „himmlisches Geborgenheitsgefühl" - und darauf zu verzichten, fällt sicher gerade uns heutigen Menschen besonders schwer. Das Bedürfnis, daß Astrologie wahr sei, ist also viel stärker als alle rationalen Gegenbeweise, dessen bin ich sicher - und das gilt, mindestens im Moment, auch für mich!

31. Siehe dazu mein Buch „Kritische Astrologie" (**Niehenke** 1987)

Kenntnistest

(Die Fragen dieses Tests beziehen sich auch auf die Inhalte der
Lektion 23 und 24 des Einführungskurses)

1 Worauf geht die Zwölfteilung des Tierkreises zurück?

_____

2 Die erlaubte Ungenauigkeit bei einem Aspekt nennt man den _____:

Er bezeichnet die Anzahl an Graden, die ein Winkel von der genauen
Aspektstelle abweichen darf (beim Quadrat also von 90 Grad abweichen
darf).

3 Ein Aspekt heißt exakt, wenn er auf _____ genau ist.

4 Ein Applikationsaspekt liegt vor, wenn _____

_____

5 Ein Planet ist dominant, wenn er:

     a. _____

     b. _____

6 Was verstand **Ptolemaeus** unter Aspekten?

7 Wie nennt **Arroyo** die von **Thomas Ring** „analytisch" genannten
Aspekte?

Spezielle Fragen für Teilnehmer an der Berufsausbildung

(Für die Antworten benutzen Sie bitte ein gesondertes Blatt)

I   Nennen Sie zwei Gründe, die von Astrologen der Vergangenheit und Gegenwart angeführt werden, warum ein Trigon *harmonisch* wirkt.

II   Was ist der Unterschied in der Bewertung der Opposition bei **Thomas Ring** und **Charles E. O. Carter**?

III   Was sind (und wie entstehen) *Springflut* und *Nippflut*?

IV   Was ist im Sinne von Addey darunter zu verstehen, daß in einer Gruppe von Horoskopen die Verteilung eines Planeten der vierten *Harmonic* entspricht?

V   Bei meiner Untersuchung zur Wirksamkeit der astrologischen Aspekte versuchte ich u. a. die Frage zu klären, ob Personen, in deren Horoskopen ein Venus-Saturn-Quadrat zu finden ist, sich selbst als in Liebesangelegenheiten weniger zufrieden einschätzen. Wie unterschieden sich bei der entsprechenden Frage: „Ich habe einfach kein Glück in der Liebe", die Antworten derer, die ein Venus-Saturn-Quadrat in ihren Horoskop hatten, von denen, in deren Horoskopen ein *Trigon* von Venus zu *Jupiter* zu finden war?

Lösungen zum Kenntnistest

1 Die Zölfteilung des Tierkreises beruht mit großer Wahrscheinlichkeit **auf den 12 Mondumläufen eines natürlichen Jahreszeiten-Zyklus.**

2 Die erlaubte Ungenauigkeit bei einem Aspekt nennt man den **Orbis**: Er bezeichnet die Anzahl an Graden, die ein Winkel von der genauen Aspektstelle abweichen darf (beim Quadrat also von 90 Grad abweichen darf).

3 Ein Aspekt heißt exakt, wenn er auf **5 Bogenminuten** genau ist.

4 Ein *Applikationsaspekt* liegt vor, wenn **der Winkel zwischen den aspektierenden Planeten sich auf die genaue Aspektstelle zubewegt, mit der Zeit also immer genauer wird (Rückläufigkeit beachten!)**

5 Ein Planet ist *dominant*, wenn er:

a. **In der ersten Hälfte eines Eckfeldes steht**

b. **Einen Aspekt auf den Aszendenten oder den MC wirft.**

6 Was verstand **Ptolemaeus** unter Aspekten?

Unabhängig vom tatsächlichen Winkel zwischen zwei Planeten rechnet Ptolemaeus mit dem Abstand der jeweiligen Zeichen. (Siehe S. 16 f.)

7 **Arroyo** nennt die von **Thomas Ring** „analytisch" genannten Aspekte **dynamisch** oder **herausfordernd** (challenging). Die synthetischen nennt er **harmonisch** oder **fließend**.

Spezielle Fragen für Teilnehmer an der Berufsausbildung

I Nennen Sie zwei Gründe, die von Astrologen der Vergangenheit und Gegenwart angeführt werden, warum ein Trigon *harmonisch* wirkt.

    a. **Zahlensymbolische Begründung: Die Drei (das Trigon entsteht durch die Teilung des Kreises durch 3) galt den Pythagoreern (und z. B. Kepler, der von den pythagoreischen Gedanken sehr beeinflußt war) als Symbol der Einheit und der Vollkommenheit. (Siehe Kapitel 3)**

    b. **Aus anderen Bereichen (etwa der Technik) übertragene Analogieschlüsse** (siehe dazu das Beispiel auf S. 20 im Abschnitt über Freiherr von **Klöckler**).

    c. **Beim Trigon werden Planeten verbunden, die üblicherweise in gleichen Elementen stehen (Begründung des Ptolemaeus).**

    d. **Empirische Gründe („Die Erfahrung lehrt es so").**

II Was ist der Unterschied in der Bewertung der Opposition bei **Thomas Ring** und **Charles E. O. Carter**?

„Die Opposition ist eine passive Konstellation", schreibt Carter (siehe Seite 22). Carter leitet dies aus der Zahl Zwei ab (die Zahl für das Weibliche).

Thomas Ring schreibt: „Die Opposition benennt immer ein Gegensatzspannung zweier Kräfte. Stellen wir uns nun zwei Antriebssymbole wie Sonne und Mars gegeneinander, so bedeutet dies Hochsteigerung, Aktivität nach zwei Seiten." (Siehe Seite 24)

Carter geht mehr von der zahlensymbolischen Bedeutung der Zwei aus, Ring mehr von dem Analogiedenken, Opposition = Gegensatz. In der Praxis finden beide ähnliche Entsprechungen, sie werden nur anders „begründet".

III Was sind (und wie entstehen) *Springflut* und *Nippflut*?

Die Gezeiten entstehen durch den gemeinsamen Einfluß der Schwerkraft von Mond und Sonne. Stehen bei der Konjunktion (Neumond) von der Erde aus betrachtet, beide Gestirne beieinander, addieren sich die Einflüsse - es entsteht Springflut. Stehen beide im Quadrat zueinander (Halbmond), heben sich die Schwerkraftwirkungen teilweise gegenseitig auf. Es entsteht die niedrige Nippflut.

IV Was ist im Sinne von **Addey** darunter zu verstehen, daß in einer Gruppe von Horoskopen die Verteilung eines Planeten der vierten *Harmonic* entspricht?

Wenn man die Häufigkeit der Stellung des entsprechenden Planeten in den einzelnen Abschnitten des Kreises in einer Kurve darstellt, zeigt sich (nach „Glätten" durch eine sog. harmonische Analyse) ein periodisches Schwanken, eine „Welle" mit einer Länge von 90° (so daß genau vier Wellen in den ganzen Kreis passen).

V Bei meiner Untersuchung zur Wirksamkeit der astrologischen Aspekte versuchte ich u. a. die Frage zu klären, ob Personen, in deren Horoskopen ein Venus-Saturn-Quadrat zu finden ist, sich selbst als in Liebesangelegenheiten weniger zufrieden einschätzen. Wie unterschieden sich bei der entsprechenden Frage: „Ich habe einfach kein Glück in der Liebe", die Antworten derer, die ein Venus-Saturn-Quadrat in ihren Horoskop hatten, von denen, in deren Horoskopen ein *Trigon* von Venus zu *Jupiter* zu finden war?

Es ergab sich kein bedeutsamer Unterschied zwischen den Horoskopeignern mit Venus-Saturn-Quadrat und denen mit Venus-Jupiter-Trigon. Die Unterschiede, die auftraten, waren entgegengesetzt zu dem, was man als Astrologe erwarten würde: Die Leute mit dem Trigon von Venus zu Jupiter antworteten häufiger mit „Ja" bei der Frage: „Ich habe einfach kein Glück in der Liebe", als die Horoskopeigner mit einem Venus-Saturn-Quadrat.

Literaturliste

(Die zu Beginn dieses Lehrhefts empfohlene Literatur ist nicht noch einmal gesondert aufgeführt.)

Andres, F. C.: Die Zahl in Mystik und Glauben der Kulturvölker. (1935)

Carter, C.E.O.: Astrologische Aspekte. München: Barth-Verlag 1931

Dean, Geoffrey: Recent Advances in Natal Astrology. A critical Review 1900 - 1976. England 1977. (Bezugsmöglichkeiten beim Ausbildungszentrum zu erfragen.)

Enders, F.C.: Mystik und Magie der Zahlen. (1951)

Heller, A.: Biblische Zahlensymbolik. (1936)

Höfling, O.: Lehrbuch der Physik. Bonn: Dümmler 1968

Klöckler, H. von: Astrologie als Erfahrungswissenschaft. Leipzig 1925

Krafft, K.-E.: Traité d'Astrol-Biologie. Paris: Amedee Legrand 1939

Niehenke, Peter: Kritische Astrologie - Zur erkenntnistheoretischen und empirisch-psychologischen Prüfung ihres Anspruchs. Freiburg: **Aurum** 1987 (Buchversion der Dissertation)

Niehenke, Peter: Statistische Untersuchungen über die Wirksamkeit der astrologischen Aspekte. Vortrag anläßlich des zweiten Astrologie-Weltkongresses in Luzern, Ostern 1984. (Siehe Kapitel 5.)

Paneth, L.: Zahlen im Unbewußten. Zürich 1954

Ptolemaeus Claudius: Tetrabiblos. I. - IV. Buch. Aus dem Griechischen übersetzt von Dr. Julius Wilhelm Pfaff. Neuer Abdruck beim Baumgartner-Verlag, Warpke-Billerbeck

Inhaltsverzeichnis

Liebe Kursteilnehmerin
Lieber Kursteilnehmer

In diesem Ausbildungsabschnitt geht es, ähnlich wie in Ausbildungsab-schnitt zwei, nicht um die *Aufnahme neuen* Wissens, sondern um die *Anwendung vorhandenen* Wissens. Aus diesem Grunde wird auch dem Literaturstudium eine geringe Bedeutung beigemessen. Hinzu kommt allerdings, daß es zu der in diesem Ausbildungsabschnitt behandelten Thematik auch wenig Literatur gibt.

Sicher wird es immer wieder hilfreich sein, die Kapitel zu den grundle-genden Deutungselementen, die in den hier besprochenen komplexen Konstellationen vorkommen, in der Basisliteratur (**Ring, Riemann, Arroyo, Greene**), die ich in den Abschnitten 1 bis 3 empfohlen habe, noch einmal nachzulesen. Speziell das Buch „Kosmos und Seele" von **Liz Greene** oder das Buch über die Aspekte von **Tracy Marks** behan-deln in den Fallbesprechungen zuweilen *Konstellationen*. (In Lehrbü-chern werden ja üblicherweise nur einzelne Deutungselemente: Planeten in Zeichen, Planeten in Feldern, Aspekte etc. besprochen, nicht aber Konstellationen, also Kombinationen mehrerer solcher Faktoren.)

Da es in diesem Kurs ausschließlich darum geht, Texte selbst zu entwer-fen und mit den Texten der Seminarteilnehmer zu vergleichen, ist der ganze Kurs ein großer *Kenntnistest*. Der in diesem Lehrheft angebotene Kenntnistest fragt daher z. T. technische Einzelheiten ab, die im Seminar am Rande als Fragen der Teilnehmer auftauchten. Es sind aber Fragen, die im Zusammenhang mit der Astrologie von großer Bedeutung sind, wenn sie auch nicht speziell im Zusammenhang mit dem Thema dieses Ausbildungsabschnitts stehen.

Noch eine wichtige Bemerkung: Dieser Abschnitt des Kurses ist, zusam-men mit dem Teil „Gutachten-Technik", der schwierigste. Lassen Sie sich von dem „leeren Blatt" nicht entmutigen, wenn Ihnen zu einer Kombina-tion nicht sogleich etwas einfällt. Lassen Sie sich auch nicht entmutigen von der Mühe, die das *Kombinieren komplexer seelischer Sachverhalte* zwangsläufig bedeutet. Sie legen mit der intensiven Bearbeitung der hier gestellten Aufgaben den Grundstein für die Fähigkeit, die Bedeutung astrolo-gischer Symbole in Worte zu fassen. Beherzigen Sie daher folgenden Rat:

Es ist von entscheidender Bedeutung, daß Sie die Texte der Seminar-teilnehmer (die ja die *Lösungen* der Hausaufgaben darstellen) nicht lesen, bevor Sie die entsprechenden Aufgaben selbst vollständig ge-löst haben.

Ich wünsche Ihnen nun Freude und Erfolg bei Ihrer Arbeit.

Einführung

Ein Horoskop ist eine *Gestalt*. In den vorangegangenen Kursen wurde immer wieder deutlich gemacht, daß die einzelnen Elemente des Horoskops nicht isoliert gedeutet werden dürfen. Man kann dies, so zeigt die Erfahrung, nicht oft genug betonen. Wenn der Anfänger aus einem Mars im Widder Draufgängertum ableitet, dabei aber vielleicht eine Konjunktion von Sonne mit Saturn in der Jungfrau übersieht, dann macht er einen solchen Fehler - und solche Fehler kommen immer und immer wieder vor.

Die Bezogenheit der einzelnen Konstellationen aufeinander läßt sich sehr gut üben an den drei persönlichsten Faktoren des Horoskops: Aszendent, Mond und Sonne. Für mich bilden diese drei Horoskop-Faktoren eine elementare Grundstruktur, die wesentliche Bereiche der Individualität eines Menschen (wenn auch zunächst vereinfachend) anspricht und zu einer Ganzheit vorstrukturiert.

Die „Legierung" von Aszendent, Mond und Sonne

Der AC zeigt, wie ich mich „gebe", die Sonne, wie ich zu den Dingen „stehe"

Der Aszendent steht dabei, wie wir wissen, für die habituellen Muster dieser Person, den *Stil* ihres Sich-in-der-Welt-Bewegens, die äußere, *zuerst* sichtbare Seite ihres Verhaltens. Der Mond eröffnet etwas über die emotionale Bedürfnisstruktur des betreffenden Menschen, seine „Resonanzfähigkeit" im Kontakt mit anderen, wenn man so will also eine Schicht „unter" der des Aszendenten: die Art der Reaktion, der Stil des Handelns im Falle emotionaler Beteiligung. Die Sonne schließlich erlaubt mir Rückschlüsse auf die „Geisteshaltung", auf bewußte Werthaltungen und das damit meist verbundene Ich-Ideal. Aus diesem Ideal resultierende Handlungen haben nicht den gleichen Grad an „Reflexhaftigkeit" wie etwa die habituell eingespielten Muster, die aus dem Aszendenten ableitbar sind. Die Sonne zeigt sich mehr darin, wie ich zu bestimmten Dinge *stehe*, nicht so sehr darin, wie ich mich *gebe*.

Im Anfängerkurs habe ich die unterschiedlichen Ebenen, die durch diese drei Horoskop-Faktoren angesprochen werden, durch ein Beispiel zu kennzeichnen versucht, das ich hier wiederholen möchte.

Beispiel:
AC in ♈
☉ in ♋

Nehmen wir zunächst einen Mann mit dem **Aszendenten im Zeichen Widder und der Sonne im Zeichen Krebs**. Stellen wir uns nun vor, dieser Mann werde verbal oder körperlich angegriffen („angepöbelt"): Noch bevor er einen Gedanken gefaßt hat, wird er reflexartig dem Gegner vielleicht einen Kinnhaken verpaßt haben; er hat also seine Aggressivität spontan mobilisiert und entsprechend gehandelt. „Zu Hause" (oder: Zur Ruhe gekommen) mag er sich dann Vorwürfe machen, mag sich überlegen, daß diese Reaktion gar nicht nötig gewesen wäre, daß der andere es eigentlich doch gar nicht *so* bös gemeint hatte, daß er die Situation doch auch hätte friedlich beilegen können ...

3

Dieser Konflikt dürfte besonders intensiv erlebt werden, wenn zwischen Sonne und Aszendent ein Quadrat besteht.

Eine andere Variante des gleichen Prinzips könnte so aussehen: Der Mann versucht zwar tatsächlich sogleich „inhaltlich" eine friedliche Beilegung der Sache anzustreben, tritt aber dabei kämpferisch, fordernd auf, demonstriert also in Gestik, Tonfall, Mimik usw. (also im *Stil* seines Verhaltens) seine durchaus vorhandene Kampfbereitschaft. Er wäre in diesem Fall so ein wenig ein Vertreter der Gattung „Rauhe Schale, weicher Kern".

Dies Verhalten würde sicher leichter gelingen, wenn die Sonne ein Trigon auf den Aszendenten werfen würde.

Beispiel:
AC in ♋
☉ in ♈

Nun nehmen wir als zweites Beispiel den umgekehrten Fall, also jemanden mit dem **Aszendenten im Zeichen Krebs, der *Sonne* dagegen im Widder**, und gehen davon aus, daß er in die gleiche Situation gestellt ist. Hier nun würde ich erwarten, daß der Betreffende sich spontan eher zurückhaltend verhält. Er wird also, wenn er „angerempelt" wurde, zunächst vielleicht eher schüchtern erscheinen, vielleicht auch ängstlich, wohl spürend, daß der andere eine Auseinandersetzung sucht. *Dieser* Mann mag sich „zu Hause" dann vielleicht genau gegenteilige Vorwürfe machen, mag sich vorhalten, daß er sich das nicht hätte gefallen lassen dürfen, daß er dem anderen hätte einen Kinnhaken verpassen sollen usw. Seine bewußte Werthaltung (Sonne im Widder) erlebt Kampfbereitschaft als etwas Positives, assoziiert mit Begriffen wie Mut. Von daher mag er sein eigenes Verhalten als Schwäche oder Feigheit deuten.

Auch dieser innere Konflikt würde sicher bei einem Quadrat von Sonne zum Aszendenten dramatisiert.

Oder aber, er mag von Beginn an, seinen bewußten Werthaltungen folgend, kampfbereit sein, mag dem anderen durch seine Entschiedenheit deutlich signalisieren, daß er vor einem Kampf keineswegs zurückschrekken wird, mag aber gleichzeitig so etwas wie „guten Willen" zeigen, vielleicht durch Bemerkungen wie: „Komm, mein Junge, laß die Späße!" oder vielleicht auch: „Wenn Du eine Schlägerei brauchst, dann such Dir gefälligst jemand anderen!"

Auch hier würde diese Form des Verhaltens wahrscheinlicher, wenn die Sonne im Trigon zum Aszendenten stünde.

Verhaltensfiguren statt „Etiketten"

Wenn ich in diesem Sinne die Dreiheit von Aszendent, Mond und Sonne deute, dann kommt „Leben" in die Beschreibung. Nachvollziehbare Differenzierungen zwischen *Spontan-Verhalten* und *Ich-Ideal*, zwischen „mehr äußerlich (reflexartig)" und „mehr bewußt (entschieden)" führen weg von etikettierenden Deutungen („Sie *sind* ein einfühlsamer Mensch"), führen dagegen hin zu **Verhaltens-Figuren**, typischen Abläufen, also zu *Prozeß-beschreibungen*.

Andere „Legierungen"

Dies möchte ich an einem weiteren Beispiel noch etwas verdeutlichen.

Nehmen wir dazu **noch einmal** den Fall eines Menschen mit **Aszendent im Zeichen Krebs**: Stellen wir uns nun vor, **in diesem Horoskop stehe die Venus im Trigon zu Jupiter**. Ungeachtet der Felder- und Zeichenstellung von Venus und Jupiter ist anzunehmen, daß bestimmte sich aus diesem Aspekt ergebende Verhaltenstendenzen zwanglos mit denen des Aszendenten im Krebs vereinbar sein werden. Aus diesem Grunde kann zwischen diesen beiden Anteilen der Persönlichkeit das entstehen, was ich eine „Legierung" nenne: Beide Tendenzen verstärken und färben sich in wechselseitigem Aufeinander-Bezogen-Sein.

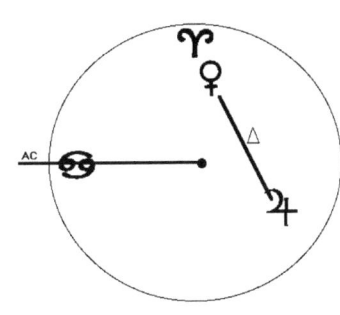

Dieses sich gegenseitig Verstärken und Färben ist etwas anderes als „Addition der Elemente". Bei einer „Addition" würde man in einem entsprechenden Horoskop beispielsweise so argumentieren: Aszendent im Zeichen Widder bedeutet u.a. Aggressivität, Mond im Quadrat zu Mars bedeutet u. a. *auch* Aggressivität, also ist dieser Mensch *besonders* aggressiv. Eine „Addition" erfaßt nur den Aspekt des sich gegenseitig Verstärkens, nicht aber die wechselseitige *Modifikation* der Bedeutung, der „Wirkung".

Die Situation ist vielleicht am besten vergleichbar mit der Einnahme mehrerer Medikamente gleichzeitig: Unterschiedliche Mittel werden sich teils in ihrer Wirkung verstärken (Schlafmittel und Schmerzmittel führen beide zu Müdigkeit), teils aber auch wechselseitig in ihrer Wirkung modifizieren und ergänzen.

Um bei unserem Beispiel mit dem Aszendenten im Krebs zu bleiben: Durch das Venus-Jupiter-Trigon wird das Zugewandte, Hilfsbereite in den spontanen Verhaltensweisen (Aszendent) dieses Menschen verstärkt werden, doch es wird nicht einfach stärker! Es wird ergänzt um die Dimension „Charme", bekommt also eine spezifische Tönung. Auf der anderen Seite wird das Charmante, die Fähigkeit, Menschen für sich einzunehmen, wie es u. a. das Venus-Jupiter-Trigon charakterisiert, ergänzt durch die Bereitschaft hilfsbereiter Anteilnahme.

Stellen wir uns nun weiter vor, daß in diesem Horoskop auch ein Trigon von Saturn zu Mond bestehe. Es ist sicher nachvollziehbar, daß dadurch dem Zugewandten, wie es sich in der bisher beschriebenen „Legierung" ausdrückt, eine Dimension „Verantwortlichkeit", auch etwas „Moral" hinzugefügt wird, die bis dahin noch nicht vorhanden war. *Ohne* diesen Mond-Saturn-Aspekt ist das Verhalten eher das einer spontan emotional empfundenen, teilweise auch lustbetonten Zuwendung, jetzt kommt eine Spur Pflicht, etwas wie „Gesetz" in die Motivation mit hinein. Wir haben, wenn wir es bei diesen drei Bestandteilen in unserem Beispiel einmal belassen, eine komplexe Struktur eines bestimmten *Themas* vor uns, ein *Cluster*, wie ich es nenne (ausführlich wird dies im kommenden Ausbildungsabschnitt „Gutachten-Technik" beschrieben werden). Diesem Thema könnte man vielleicht die Überschrift „liebevoll-korrektes mitmenschliches Miteinander" geben.

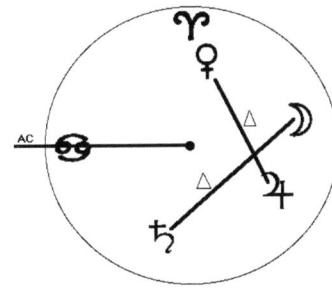

Ich weiß, daß die Formulierung derartiger „Legierungen" keine leichte Aufgabe ist, und daher möchte ich noch ein Beispiel geben, um dies weiter zu verdeutlichen.

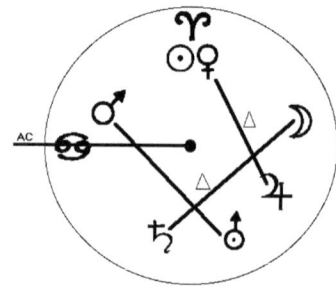

Stellen wir uns vor, daß die **Sonne in diesem Horoskop** (mit dem Aszendenten im Zeichen Krebs) **im Zeichen Widder stehe**, wie das in dem ersten Beispiel in dieser Einführung angenommen wurde. Dazu seien **Mars und Uranus durch einen Aspekt verbunden**. Auch hier erkennen wir unschwer, daß bestimmte Facetten der beteiligten Konstellationen zu einer „Legierung" verschmelzen können, der man vielleicht die Überschrift geben könnte: „Konfliktfreudig den eigenen Weg gehen wollen."

Die naheliegende Frage wäre jetzt, wie ich denn die zwei „sich widersprechenden" Persönlichkeitsanteile, nämlich „liebevoll-korrektes mitmenschliches Miteinander" und „konfliktfreudig den eigenen Weg gehen wollen" auf ein und dieselbe Person beziehen soll (beides bezieht sich ja auf dasselbe Horoskop). Sind diese beiden Verhaltenstendenzen nicht so unterschiedlich, daß sie notwendig für das Individuum zu (inneren - und dann auch äußeren) Konflikten, zu heftigen Ambivalenzen führen müssen? Dies ist ein sehr wichtiger Punkt:

Häufig denken angehende Astrologen bei bestimmten Konstellationen, daß sie unvereinbar seien (wie etwa hier). Hüten wir uns jedoch davor, unsere eigenen Schwierigkeiten (auch unseren Mangel an Phantasie, der uns Lösungsmöglichkeiten übersehen läßt) auf den Horoskopeigner zu projizieren! Stehen zwei Planeten (oder auch Konstellationen) durch einen analytischen Aspekt miteinander im Konflikt, dann werden sie als schwer vereinbar erlebt werden, selbst dann, wenn *wir* nicht die geringste Schwierigkeit sehen, diese zwei Bereiche miteinander zu verbinden. Im Gegensatz dazu wird der Horoskopeigner zwei Dinge als vereinbar erleben, wenn sie (etwa durch trigonale Beziehung) im Horoskop als verbunden oder verbindbar angedeutet sind - auch dann, wenn *uns* in diesem Fall eine Verbindung unvorstellbar erscheint.

Ein **Quadrat von Saturn und Jupiter** z. B. bedeutet u. a., daß expansive Tendenzen mit Sicherungstendenzen im Widerstreit liegen (in *diesem* Menschen). Er wird also immer wieder die Erfahrung machen, daß es „gefährlich" ist, zu weit zu expandieren. Er wird darunter leiden, daß seine Expansionswünsche ihn immer wieder in Gefahr bringen (oder zu bringen scheinen) und daß seine Sicherheitsbedürfnisse ihn immer wieder in die Frustration (seiner Expansionswünsche) treiben. Hat der Mensch dagegen ein Trigon von Jupiter und Saturn, dann wird er im Gegenteil das Gefühl haben, daß Expansion die beste Möglichkeit der Sicherung darstellt - allerdings eine maßvolle Expansion. *Für ihn* ergänzt sich beides nämlich ideal, gehört irgendwie zusammen.

Wie sehr Dinge verbindbar sein können, die nach bestimmten Vorurteilen unvereinbar scheinen, will ich an einem Beispiel aus meiner Beratungspraxis verdeutlichen:

Ein Beispiel aus meiner Beratungs-praxis: Die Immobilien-Maklerin

Vor einigen Jahren kam eine Klientin zu mir, deren Horoskop zwei markante, gegensätzliche Themen anzubieten schien: Sich-Durchsetzen im Bereich der materiellen Lebenssicherung auf der einen Seite, ein starker mitfühlender und opferwilliger Zug auf der anderen Seite (unter anderem Betonung von Feld 12 und Fische-Mond und von Feld 2 mit Mars). Die Frau hatte mir als Beruf Immobilien-Maklerin angegeben. Zu der einen Seite ihres Horoskops schien mir das ganz gut zu passen. In der Beratung ging ich unbewußt von zwei Vorurteilen aus: 1. Immobilien-Makler sind nur an Geld interessiert, sonst würden sie einen solchen Beruf nicht ausüben. 2. Wer so stark an Geld interessiert ist, muß, zumindest im Beruf, seine 12.-Feld-Tendenzen unterdrücken oder gar überkompensieren (im Sinne von asozialem Vorgehen - siehe hierzu die Besprechung von Feld 12 im ersten Ausbildungsabschnitt). Diese nette Frau belehrte mich jedoch eines Besseren.

Sie schilderte mir, daß sie sich keineswegs einseitig für die eine Seite ihres Wesens entschieden habe, nicht einmal in ihrem Beruf. Im Gegenteil! Es komme ihr bei jeder Beratung eines Kunden darauf an, ihn so zu beraten, daß er mit seiner Wahl auch wirklich „glücklich" werden könne. Dazu sei es z. B. wichtig, daß er sich nicht übernehme. Sie achte also darauf, daß das Projekt finanziell den Möglichkeiten des Klienten entspreche, auch wenn sie dadurch vielleicht weniger verdiene. Es mache sie glücklich zu erleben, daß Familien mit ihren Kindern dann ein sicheres Heim hätten. Schon oft habe sie Familien vor überhöhten Ansprüchen gewarnt. Es sei für sie sehr schön, daß dabei ein Vertrauensverhältnis entstehe, in dem auch sehr viel an Emotionalität sei, was sich in Einladungen usw. ausdrücke. Und was das Geld angehe: in diesem Beruf verdiene man immer noch genug.

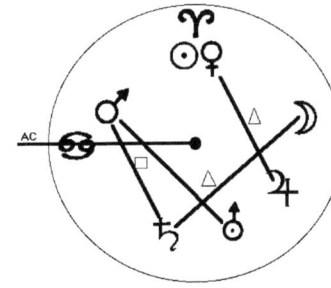

Diese Frau machte mir klar, daß der Konflikt, den ich sah, nur in meinem Kopf bestand, daß es mein Mangel an Phantasie war, der mich denken ließ, diese zwei Seiten seien unvereinbar. Sie hatte zwischen diesen beiden Konstellationen im Horoskop auch keinen Spannungsaspekt. Der Konflikt war also, auch astrologisch gesehen, nicht *ihr Thema*.

Stellen wir uns nun zur Veranschaulichung des gegenteiligen Falles in dem von uns hier verfolgten Beispiel-Horoskop vor, daß der **Saturn (der ja ein Trigon zu Mond hat) gleichzeitig ein Quadrat zu Mars** habe (der ja auch einen Aspekt zu Uranus hat). Damit sind die beiden Komplexe an einer Seite (der Saturn-Seite) spannungsvoll aufeinander bezogen.

Das Mars-Saturn-Quadrat deutet auf einen Konflikt zwischen Durchsetzungswillen und Sicherheitsbedürfnis (auch „Gewissen" natürlich). Ich habe nun die Erfahrung gemacht, daß bei Bestehen zweier stark unterschiedlicher Persönlichkeitsanteile die Tendenz besteht, diese Anteile in Konfliktbereiche einzubeziehen, wenn sie ein dissonanter Aspekt verbindet. **In unserem Fall könnte es sein, daß der Horoskopeigner das oben beschriebene Thema Hilfsbereitschaft an den Saturn *anlagert*, das Thema „den eigenen Weg gehen wollen" an den Mars.** Er erlebt dann also nicht einfach einen Konflikt zwischen Mars und Saturn, sondern beide Planeten stehen für ganze Themenkomplexe (aufgrund der Konstellationen, in die sie eingebunden sind).

Wie kommt das?

Menschen haben das Bedürfnis, ihre Persönlichkeit zu verstehen, und sie tendieren dabei zur Bildung **einfacher Ursache-Wirkungs-Beziehungen**. Konkret: „Ich fühle zwei unterschiedliche Teile meiner Person (die zwei hier beschriebenen Themen), ich fühle einen Konflikt (hier Mars-Saturn). Dies hängt miteinander zusammen: „Das eine wird wahrscheinlich die Ursache für das andere sein." Ich erlebe jetzt die beiden Teile meiner Person unter dem Blickwinkel meines gefühlten Konflikts:

„Ich mag es ja wirklich gern, anderen Menschen zu helfen", könnte der Horoskopeigner in der Beratung sagen, „und ich finde es einfach schön, freundlich miteinander umzugehen, doch manchmal denke ich, meine Selbstverwirklichung, die Realisierung meiner eigenen Interessen kommt dabei zu kurz. Mir scheint, meine Freundlichkeit ist z. T. wohl einfach Angst, und meine Hilfsbereitschaft hat wohl auch viel mit schlechtem Gewissen zu tun."

Würde das Quadrat von Mars und Saturn den Horoskopeigner nicht für diese Art eines Konflikts sensibilisieren, könnten diese beiden Bereiche, die ja auch „von außen" (in unserem Vorurteil) vielleicht unvereinbar scheinen, dennoch ein „friedliches Miteinander" in der Person erleben:

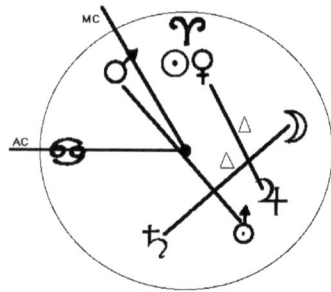

„Sie haben Recht", könnte der Klient vielleicht sagen, „eigentlich sind das ganz widersprüchliche Bedürfnisse, die ich habe. Ich denke mir aber einfach: Alles zu seiner Zeit und am rechten Ort. *Im Beruf z. B.* (Mars vielleicht, wie hier, am MC), da ist es mir schon wichtig, mich durchzusetzen und nach meiner Façon arbeiten zu können. Aber die Leute respektieren das auch. Sie wissen eben: Wenn man mal jemanden braucht, dann ist auf mich Verlaß. Wer in Not ist, kann immer auf mich zählen."

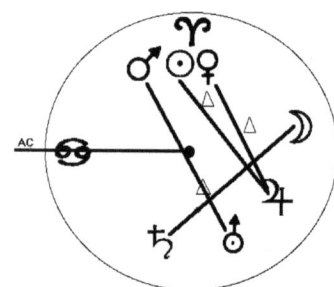

Stellen wir uns abschließend sogar vor, **anstelle des Quadrates von Saturn und Mars** würden diese beiden Themenkomplexe durch ein **Trigon von Sonne und Jupiter** miteinander verbunden, wobei die **Sonne** vielleicht sogar **mit Mars in (weiter) Konjunktion** stehen möge. Dann erlebt der Klient diese beiden an sich ja *gegenläufigen* Verhaltenstendenzen subjektiv als besonders gut integrierbar:

„Ich bin tatsächlich unheimlich eigensinnig, da haben Sie Recht. Ich geh auch auf die Barrikaden, wenn mir was stinkt. Ich habe eben manchmal das Gefühl, man muß die Leute wachrütteln. Wenn ich zu leise wäre, würden viele mich glatt überhören. - Die Welt ist doch auch viel schöner, wenn jeder das Recht hat, seinen eigenen Weg zu gehen, wenn wir uns darin gegenseitig respektieren. Wissen Sie, ich streite mich mit den Menschen, weil ich sie liebe."

In dem Text, den ich hier einem fiktiven Klienten in den Mund gelegt habe, wird eine Sache angedeutet, auf die wir bei der Interpretation von

„widersprüchlichen" Verhaltenstendenzen immer achten müssen: Durch die Stellung in den Feldern kann es sein, daß beide Tendenzen auf unterschiedliche Lebensbereiche bezogen sind, so daß ein Konflikt dadurch gar nicht erlebt wird (etwa Unterschied Beruf - Privatleben). Es kann aber auch gerade umgekehrt sein, je nach Lagerung des Falles. Wenn jemand das 7. und das 10. Feld konflikthaft miteinander verbunden hat, dann mag er empfinden: „Meine Nachgiebigkeit im Partnerbereich macht es mir gerade *schwer*, mich im Beruf wirklich durchzusetzen." Anders bei einem Trigon: „Ich setze mich im Beruf schon genug durch, da kann ich es mir leisten, es in der Partnerschaft nicht auch tun zu müssen."

Aufgabe zu Stunde 1

(besprochen auf Cassette 1)

Bevor Sie nun die Cassetten zu hören beginnen, nenne ich Ihnen hier die Aufgabe, die den Teilnehmern an dem Seminar vor Beginn des Kurses (in der letzten Stunde des Seminars „Aspekte und Aspektstrukturen") bereits zur Lösung aufgegeben wurde. Bitte bearbeiten Sie diese Aufgabe sorgfältig und schriftlich, bevor Sie die Cassette hören und bevor Sie in diesem Heft weiter lesen:

1 **Bitte beschreiben Sie die „Legierung" aus den drei grundlegenden Horoskop-Faktoren:**
- Aszendent im Zeichen Schütze
- Mond im Zeichen Steinbock
- Sonne im Zeichen Fische.

2 **Geben Sie bitte zunächst eine Deutung jedes einzelnen Faktors, also:**
- Der Aszendent im Zeichen Schütze
- Der Mond im Zeichen Steinbock
- Die Sonne im Zeichen Fische.

3 **Dann kombinieren Sie bitte jeweils die Paare:**
- Der Aszendent im Zeichen Schütze mit dem Mond im Zeichen Steinbock.
- Der Aszendent im Zeichen Schütze mit der Sonne im Zeichen Fische.
- Der Mond im Zeichen Steinbock mit den Sonne im Zeichen Fische.

Erst jetzt, zum Schluß, geben Sie eine zusammenfassende Deutung, die sich aus den Bedeutungen der drei vorher beschriebenen Paare ergibt. Diese Zusammenfassung sollte nicht viel mehr aber auch nicht viel weniger als eine Seite DIN A4 (Schreibmaschinenschrift) umfassen.

Bitte nehmen Sie sich für diese Aufgabe Zeit. Ich weiß, daß sie nicht leicht ist, aber Sie sollten erst „aufgeben" (und in die Bänder hineinhören), wenn Sie es mindestens 6 - 8 Stunden selbst versucht haben. Sollten Sie bis dahin nicht zu einem für Sie befriedigenden Ergebnis gekommen sein, dann hören Sie aufmerksam die Besprechung auf Cassette 1und lesen die Texte der Seminarteilnehmer. Sie werden feststellen, daß diese Texte auch nicht perfekt sind. Machen Sie dann, mit neuem Mut, auf jeden Fall die Aufgaben zu Lektion 2. Sollten Sie dabei „unüberwindliche" Schwierigkeiten haben, dann vereinbaren Sie mit Ihrem persönlichen Betreuer die zu diesem Kurs gehörende Fragestunde zum nächstmöglichen Termin.

Lektion 1

(Beginn der Besprechung: Seite 1, letztes Drittel)

Claudia F.

Ein Mensch, dessen Auftreten vermutlich sehr lebhaft ist. U.U. macht sich das in einem großen Bewegungsdrang bemerkbar oder einer gewissen „Zappligkeit" oder Ungeduld. Diese Lust an der Bewegung könnte im Sport ein Ventil finden; vorrangig in schnellen Sportarten wie Tennis, Reiten oder Autorennen. Ist es eher ein geistig orientierter Mensch, wird er in seiner Ideenwelt vielseitig und flexibel sein und versuchen, andere mitzureißen. Seine Ideen sind oft großartig, und manchmal verliert er dabei auch das konkret Machbare, die Realität aus den Augen.

Andere Menschen sind ihm ungeheuer wichtig und er möchte sie auf keinen Fall übergehen. Es ist für ihn selbstverständlich, daß er Teil eines größeren Ganzen ist und mit anderen zutiefst verbunden. Die Leiden anderer Menschen betreffen ihn so, als ob es um ihn selbst ginge, und so hat er wahrscheinlich Schwierigkeiten sich von anderen abzugrenzen und seine eigenen Interessen (die sich für ihn gar nicht ohne weiteres von denen anderer trennen lassen) zu vertreten. So könnte sein Haus einem Obdachlosenasyl gleichen, weil er ständig auf die Benachteiligten dieser Welt trifft und es nicht fertigbringt, sich ihrer nicht anzunehmen.

Aufgrund seiner Lebhaftigkeit und seines Enthusiasmus passiert es ihm vielleicht manchmal, daß er andere „über den Haufen redet". Er selbst ist zutiefst überzeugt von der Richtigkeit und Wichtigkeit seiner Ideen und Ideale und sein Drang andere zu überzeugen und zu inspirieren wird dann sehr groß sein. Später könnte er sich dann Vorwürfe darüber machen, daß er andere nicht zum Zuge kommen ließ.

Ist er sportlich, dann geht es ihm auch eigentlich nicht ums Gewinnen, sondern um die Bewegung und das Spiel. Bei Wettkampfsportarten kann ihn dies in einen gewissen Zwiespalt bringen, da gewinnen einerseits der Sinn des Spieles ist, er andere aber auch nicht gerne verlieren lassen möchte.

Möglicherweise wählt er Berufe wie (Sport-) Lehrer, wo er einerseits die Möglichkeit hat, seine Bewegungslust auszuleben oder seine Ideen und Ideale weiterzugeben (und andere mit seiner Begeisterung anzustecken) und andererseits trägt er hier auch Sorge und Verantwortung für die ihm anvertrauten Schüler und kann sich in ihre Bedürfnisse einfühlen.

Sein Hang zum Idealen, zum Großen und seine Verbundenheit mit seinen Mitmenschen könnten ihn, wenn er philosophisch angehaucht ist, zum glühenden Marxisten werden lassen, zum Vertreter neuer Erziehungsmethoden oder zum religiösen und spirituellen Menschen - am besten in einer Gruppe.

So flexibel und beweglich er in seinem Auftreten und seinen Gedanken

11

auch ist, emotionell ist ihm Beständigkeit und Sicherheit ein tiefes Bedürfnis. Er wird deshalb lange prüfen, ob jemand seines Vertrauens auch wirklich würdig ist, bevor er sich ihm öffnet und sein verletzbares Inneres zeigt. Er trägt sein Herz nicht auf der Zunge und zeigt seine Gefühle - wenn er sie zeigt - auf eher trockene und spröde Art. Rührseligkeiten mag er nicht, und für andere ist es oft schwer zu ermessen, welch tiefe Empfindungen sich unter seinen kühlen oder reservierten Gefühlsäußerungen verbergen.

Er ist sehr auf seinen Stolz und seine Würde bedacht und wenn diese verletzt werden (vielleicht weil jemand Dinge weitererzählt hat, die er ihm anvertraute), entsteht eine schwer zu reparierende Wunde.

Er braucht hier also absolute Zuverlässigkeit und kann diese auch geben. Seine Freundschaften werden vermutlich sehr dauerhaft sein, denn wenn er sich einmal auf eine persönliche Beziehung eingelassen hat, dann ist das für ihn eine bindende Verpflichtung aus der er sich keinesfalls leichtfertig löst. Er wird also eher wenig Freunde haben, diese dann aber für's Leben. Flirt oder dramatische Ausbrüche liegen nicht in seinem Wesen, dafür ist er zu nüchtern und auch zu sehr auf Beständigkeit bedacht.

Herr T.

Sonne in Fische, Mond in Steinbock, AC Schütze

Ein Pfarrer in einer abgelegenen Gemeinde, der allen ein guter Hirte sein will und der sich jedem Anliegen öffnet und seiner Gemeinde Nächstenliebe und Gottvertrauen vorlebt.

Er hält es dabei für seine Aufgabe, „religiösen Gefühlen" zu wehren und in der Seelsorge lieber realistisches Sichabfinden an die Stelle von illusionären Erwartungen und Versprechungen zu setzen. Seine Gemeinde schätzt an ihm die Art, die rituellen Handlungen des Gottesdienstes durchzuführen, als sicher und bedeutungsgeladen.

Ein Krankenpfleger sagt: Ich kann nun 'mal nicht anders, als an all den Schicksalen Anteil zu nehmen.... Dabei mögen es die Kranken nicht, wenn ich ihnen in schönen Worten falsche Hoffnungen mache... Lieber haben sie es, in meinen täglichen Handlungen und Verrichtungen den Sinn des Gepflegtwerdens zu spüren.

Herr G.

AC Schütze

Spontanes Verhalten, rasch, lebhaft. Wirkt zielstrebig, auf große Aufgaben, große Erlebnisse eingestellt, unruhig.

Sonne in Fische

Gesamtlebensantrieb seelisch teilhabend, mitfühlend. Werte: Sich einfühlen, mitfühlen, resonanzfähig sein für das, was in der Umgebung schwingt: aufnehmen und weitergeben. Ihm ist wichtig, die Dinge in Frieden zu lösen, im Einklang mit dem Ganzen. Pazifistische Grundgesinnung, will Menschen zusammenbringen aus dem tiefen Gefühl der Zusammengehörigkeit aller Menschen. Mitmenschliches Gebrauchtwerden oder höherer Auftrag schaffen ihm Eigenwertgefühl.

Mond in Steinbock

Emotionalität tendiert zu Sachlichkeit, Nüchternheit. In zwischenmenschlichen Beziehungen an Fakten, Tatsachen, Objektivierbarem interessiert. Zurückhalten von Gefühlen und abschweifender Phantasie. Will Gefühle im Griff haben: Erdulden auferlegter Last, sorgendes Bemühen um Pflicht und Auftrag.

Wie könnte ein Mensch mit solchen Horoskopteilen aussehen?

1. Beispiel:
Ein Rettungssanitäter (Helfer in einer Notfallsituation, Notarzt, Katastrophenhelfer beim technischen Hilfswerk, Mitglied der Bergwacht, Naturschützer, Vogelschutz, Greenpeace, Robin Hood):-Reagiert rasch, handelt sehr schnell, ist auf große Aufgaben, Erlebnisse eingestellt.

- Wichtig ist ihm zu spüren, was in der Umgebung schwingt. Mitmenschliches Gebrauchtwerden schafft ihm Eigenwertgefühl, Mitwirken am Wohl der Menschheit ist ihm höherer Auftrag.

- Die Fähigkeit, seine persönlichen Gefühle zurückzuhalten und seine Phantasie zu zügeln, befähigt ihn, in Notsituationen sachlich, zuverlässig und rasch das Notwendige zu tun (z.B. den Krankentransport sachgerecht durchzuführen).

2. Beispiel:
Der Personalchef eines Betriebes:

- Sein Spontanverhalten ist rasch, zielstrebig, auf große Aufgaben eingestellt. Das kann bei den Beschäftigten den Eindruck erwecken, er sei kompetent, handlungssicher und nehme ihre Anliegen wichtig.

- Ihm ist wichtig, die Dinge in Frieden zu lösen, weil er zutiefst spürt, daß die Betriebsangehörigen ein größeres Ganzes bilden. Er möchte Menschen zusammenbringen aus dem tiefen Gefühl der Zusammengehörigkeit aller Menschen. Er hat ein gutes Gespür für im Betriebskollektiv vorhandene Meinungen, Strömungen, Einstellungen.

- Er ist sehr belastungsfähig, weil er die besondere Fähigkeit besitzt, sich mit Tatsachen abzufinden (verschiedene Menschen verschieden sein lassen kann), in zwischenmenschlichen Beziehungen an Objektivierbarem interessiert ist und seine eigenen Gefühle gut zurückhalten kann. Seine Sachlichkeit und Nüchternheit gegenüber emotionalen Verstrickungen verschaffen ihm Vertrauen bei den Betriebsangehörigen.

Angelika E. (wurde nicht besprochen)

AC Schütze, Sonne in Fische, Mond in Steinbock

Dieser Mensch dürfte sportlich, schwungvoll und bewegungsfreudig erscheinen. Sein Ausdruck ist leidenschaftlich bewegt. Er ist sehr begeisterungsfähig (er braucht auch etwas, wofür er sich begeistern kann - bei AC Schütze und Fische-Sonne liegt es nahe, daß dies etwas Religiöses oder Soziales ist) und läßt sich mitreißen. Genau so gut kann er andere mitreißen. Er will sie überzeugen von dem, wofür er sich ereifert. Oft hat man von

13

ihm den Eindruck, daß er es eilig hat - es ihm nicht schnell genug geht. Es macht ihn nervös, wenn andere sein Tempo nicht mithalten können.

Außerdem wird dieser Mensch ein spontanes Gerechtigkeitsgefühl haben. Er setzt sich dafür ein, Gerechtigkeit für sich und andere zu erlangen.

Von der Sonne in Fische her ist es für ihn wichtig, durchlässig zu sein, Anteil zu haben an dem, was um ihn geschieht. Er möchte sensibel sein für die Reize, die von außen auf ihn einwirken, sich an die Schwingungen des Ganzen angeschlossen fühlen. Er hat die Tendenz sich für andere opfern zu wollen und sich selbst dabei aufzugeben. Durch den Mond in Steinbock, wird dieser Mensch jedoch davor bewahrt werden, zu durchlässig zu sein, denn dieser steht eher für Abgrenzung. Er macht ihn kritischer, da er prüfen wird, wem gegenüber er sich öffnet - wem er seine Zuneigung gibt. Dies hat eine Schutzfunktion für ihn, da er nur sehr schwer über Enttäuschungen und Kränkungen hinwegkommt. Überhaupt wirken bei ihm Gemütsstimmungen sehr nachhaltig, das dürfte es für ihn oft auch schwer machen, wirklich mitzuschwingen, sich für die Außenwelt zu öffnen und in Einklang mit ihr zu sein. Er ist da einfach nicht flexibel genug, kann nicht spontan von einer Stimmung in die andere wechseln. Doch wird ihn seine Fische-Sonne auch davor bewahren, sich zusehr seinem Schwermut hinzugeben, da er ja auch von den positiven Schwingungen nicht unberührt bleibt.

Allgemein nimmt er Dinge und Aufgaben ernst, er kann sehr viel Energie aufbringen, wenn er sich für etwas einsetzt. Durch diesen starken Einsatz macht er sich oft unentbehrlich, was ihm dann auch die Befriedigung gibt, daß es ohne ihn nicht geht. Dies gibt ihm eine gewisse Machtposition - ihm gelingt es, durch Dienen zu herrschen.

Er selbst wird sich jedoch eher als jemand sehen, der bereit ist, sehr viel für jemanden oder eine Sache zu tun, ohne dabei an sich zu denken, sich also aufopfern kann.

Die Aufgaben zu den folgenden Lektionen entnehmen Sie bitte dem Inhaltsverzeichnis. Die Aufgabestellung ist sinngemäß anzuwenden, wie für die Aufgabe für Stunde 1 beschrieben.

Lektion 2

Herr M.

Sonne im Löwen

Das Ich als Zentrum der Welt; spontane, aber nicht rücksichtslose Selbstverwirklichung; intuitives Beachten der Zusammenhänge

Mond im Wassermann

Rational-ordnende Betrachtung bewahrt vor emotionaler Verstrickung; kontaktfreudig und bedürftig, aber leidenschaftslos, andauernd nur bei verwandter weltanschaulicher Gesinnung

Aszendent Skorpion/Schütze

Verhalten und impulsiv, unberechenbar, skrupellos im Ausdruck/impulsive Äußerungen bei idealer Begeisterung, sonst (vornehm) distanziert

Ein Mensch, der schwer von sich abstrahieren kann (S, M). Seine Haltung kann er systematisch begründen (M) und vehement vertreten (A). Er könnte anderen als überaus launischer Mensch erscheinen: solange er sich ge- und beachtet fühlt und man seine Äußerungen nicht eindeutig in Frage stellt (S, M), kann er ein begeistertes und begeisterndes, auch leidenschaftliches Gegenüber sein, das im anderen Fall urplötzlich in eine desinteressierte oder auch feindlich-ablehnende Haltung verfallen kann (A). Ein Mensch, der in der Öffentlichkeit möglicherweise beliebt bzw. geachtet ist, dem es aber im Privaten aufgrund seiner „anspruchsvollen" Haltung schwerfallen könnte, Freunde zu gewinnen.

Persönlichkeiten: Herbert Wehner, (Helmut Kohl)

Beruf: Versicherungsvertreter (der um kein Argument verlegen ist, und persönlich beleidigt erscheint, wenn er nicht überzeugen/überreden kann)

Claudia F.

Sonne in Löwe, AC Schütze, Mond in Wassermann

Im Idealfall hat dieser Mensch eine klare Vorstellung von seinem Stellenwert, den er als sehr hoch ansieht. Macht ist sein Thema und die beansprucht er für sich. Ordnet er sich unter - und er muß es sicher manchmal tun - dann akzeptiert er nur eine wirkliche Autorität über sich, also jemanden, der aufgrund seiner Erfahrung und Kompetenz für die Führung besser geeignet ist, oder der aufgrund seines Wesens und seiner Ausstrahlung echte Autorität verkörpert. Schnell wird er den entlarven, der sich nur aufbläst, oder hinter Titeln versteckt, und dann beginnt ein Machtkampf.

Er hat große Lust an der Bewegung und an Geschwindigkeit, was sich sowohl körperlich (evtl. sportlich) als auch geistig äußern kann. Möglicherweise spricht er schnell und mit viel Gestik oder er begeistert sich für (immer neue) Ideen und Ideale und versteht es, andere „anzuzünden". Diese temperamentvolle, mitreißende Art könnte ihm, in entsprechender Umgebung dabei helfen, seinen Führungsanspruch durchzusetzen und sich Geltung zu verschaffen.

Durch seine sprühenden Ideen in Verbindung mit seiner sehr hohen Meinung von sich selbst kann es gut sein, daß er oft den Mund zu voll nimmt und seine tatsächlichen Fähigkeiten überschätzt. Wird er dann als Angeber oder Lügner entlarvt, ist er in einer schwierigen Lage, denn dies zuzugeben und zurückzustecken verkraftet sein Stolz nur schwer und Bescheidenheit ist nicht gerade seine Stärke.

Im Grunde seines Herzens ist er ein Individualist, der mit Gruppen nicht viel am Hut hat. Er sucht und braucht zwar den geistigen Austausch mit anderen Menschen und ist dabei sehr offen und tolerant - ein Freidenker, der offene Horizonte liebt. Die selbe Toleranz fordert er auch für sich und läßt sich auch nicht in enge Systeme zwängen.

Die Vorstellung, einer unter vielen zu sein, ist ihm ein Graus und in einer Gruppe könnte er es nur aushalten, wenn er deren Führer wäre.

Wird seine herausragende Stellung allgemein anerkannt, ist er zu echter Großzügigkeit fähig. Er schenkt aus dem (von ihm empfundenen) Überfluß heraus und im vollen Bewußtsein seiner Stärke.

Wahrscheinlicher ist aber, daß er aufgrund seines großen Bedürfnisses nach Individualität eine Art Einzelkämpfer wird.

Vorausgesetzt seine dominierende Rolle wird nicht in Frage gestellt, kann er andere Meinungen gut akzeptieren und zwingt niemandem seine Haltung auf.

Er könnte sagen: Jeder sollte nach seiner Façon glücklich werden, solange ich der Größte bin.

In früheren Zeiten wäre er der Prototyp des „guten Königs" gewesen, großzügig und tolerant solange keiner putscht. Oder aber der Anführer von Piraten, mit einem wendigen Segelschiff - ein Freibeuter und Freidenker.

Heute, da es solche Könige oder Piraten nicht mehr gibt, könnte er sich vielleicht in der Politik versuchen (schnell, wendig, mitreißend, Führungsanspruch und Macht, Gefühl, etwas Besonderes zu sein), als Profi-Sportler, vielleicht beim Reiten, Schwimmen oder Leichtathletik (kein Team).

Prägend für sein Leben ist jedenfalls sein Gefühl für seine Besonderheit und sein Geltungsdrang.

Als Kind dürfte dieser Mensch recht anstrengend sein - zumindest für Eltern mit ausgeprägtem Ruhebedürfnis, die ein eher stilles, beschauliches Leben vorziehen.

Sind die Eltern aber ehrgeizig und von dem Gedanken beseelt, ihr Kind sei etwas ganz Besonderes, dann fördern sie diese Anlage in ihm stark, was ihn - im Extremfall - in eine Art Größenwahn treiben könnte. Hier besteht dann die Gefahr, daß er nur der Held seiner Phantasie bleibt.

Lektion 3

Sonne Konj. Merkur Konj. Jupiter an der Spitze des 9. Feldes in Löwe

Herr G.

Zentrales Streben (Herzensanliegen, Sonne) dieses Menschen ist Bewußtseinserweiterung (9. Feld) durch Expansion von persönlichen zu überpersönlichen Dingen (9. Feld), wobei sich das Intelligenzhafte auf Gesamtnutzen und Kollektivziele zwischenmenschlicher Symbiosen (3. Quadrant) ausrichtet.

Für diesen Menschen liegen nahe beisammen:

1. der eigene zentrale Lebensantrieb (Herz) und das Intelligenzhafte (Verstand).

2. ein optimistischer Expansionsdrang mit unbedingtem Glauben an Wert und Würde der eigenen Pläne (Löwe) und

3. der Glaube an eine persönliche Mission, gegründet auf die Überzeugung, daß das Nützliche gut und das Gute nützlich ist. Diese drei Wesenskräfte richten sich intensiv und dauerhaft auf Kollektivziele und Gesamtnutzen.

In seinem Bewußtsein ordnet dieser Mensch die Außenwelt nach ihrem Sinn und Zweck, ihrer leitzielhaften Bedeutung, mit Blick auf die „letzten Dinge" hin.

Sinn und Werte findet er im Bereich überpersönlicher, gemeinschaftsbezogener Ziele. Tendenz, unterschiedliche Interessen und Anschauungen unter einigenden Wertsymbolen zusammenzubringen. Dies wird begünstigt durch die Flexibilität des 9. Feldes und die Betonung des Intelligenzhaften in diesem Feld.

Lehrer und Führer der Menschheit können als Vorbilder die eigene Tendenz zur Größe sprengen. Als reiferer Mensch kann er zum Vorbild als Lehrer/Führer der Menschheit werden.

Angelika E.

Konj. Sonne, Merkur, Jupiter in Löwe in 9. Feld

Sonne in Löwe

- fühlt sich als Mittelpunkt
- Stolz ist ein Wert für ihn
- braucht sein Königreich, um sich verwirklichen zu können

im 9. Feld

- Suche nach überpersönlichen Zusammenhängen
- Was ist mein Weg?
- Was ist mein Ziel?

Für diesen Menschen ist die Ichfindung eng mit der Frage nach dem Sinn des Lebens verknüpft. Er möchte seinen Platz im Ganzen finden. Intuitiv wird er spüren, daß sein Weg nicht der des Einsiedlers ist, sondern daß er seine Fähigkeiten am besten entfalten kann in einer Gruppe, deren Mittelpunkt er ist. Indem er sein „Königreich" schafft, kann er der sein, der ausstrahlt, der seinen Überfluß herausschenken kann. Darin sieht er seine Aufgabe am „Ganzen" mitzuwirken und darin findet er den Sinn seines Daseins.

Dieser Mensch sieht, daß er seine Kräfte am effektivsten einsetzt, wenn er sich in den Mittelpunkt stellt. Damit kommt er am schnellsten und für ihn mit dem geringsten Aufwand an sein Ziel.

Merkur in Löwe im 9. Feld

Er kommt zu dem was er will, indem er seine Mitmenschen beeindruckt (sie überzeugt, daß er der „Größte" ist und diese sich ihm willig fügen) oder auch indem er die Aufgaben (was gerade gemacht werden muß) an die anderen delegiert. Dies fällt ihm relativ leicht u. a. da er sprachlich sehr überzeugend wirkt und in Gesprächen schnell andere für sich gewinnen kann.

Dieser Mensch wird ganz pragmatisch spüren, daß die oben beschriebenen Mittel und Wege für ihn die effektivsten sind und daß er so auch am effektivsten am Ganzen mitwirkt.

Jupiter in Löwe im 9. Feld

Dieser Mensch fühlt, daß er erst richtig aufblüht und seine Anlagen/ Begabungen voll entfalten kann, wenn er im Mittelpunkt steht und seine Bewunderer hat. Er empfindet es als gut und richtig, wenn er die Führerrolle übernimmt, da er ja so zur vollen Entfaltung kommt und seine Mitmenschen dadurch in den Genuß dieser seiner Fähigkeiten kommen läßt. Darin sieht er den Sinn seines Lebens.

Bei einem Menschen mit Sonne, Merkur, Jupiter in Löwe im 9. Feld werden nun, wenn einer dieser drei Bereiche angesprochen wird, auch die anderen Bereiche angesprochen. Er wird eine starke Löwe-Betonung haben und wenn nicht andere Kräfte dagegen steuern, wird man ihn stets in einer Führerrolle vorfinden. Unterordnen wird er sich nur, wenn ihm ein anderer wirklich vital überlegen ist und es zu einem Machtkampf kommt (er selbst wird sehr vital sein).

Seine Sichtweise ist, daß es für ihn am effektivsten ist, sich in den Mittelpunkt zu stellen, daß er seine Begabungen so am besten entfalten kann und daß dies auch sein Weg zur Selbstverwirklichung ist.

Dies alles geschieht für ihn vor dem Hintergrund „seinen Platz im Ganzen" zu finden; er betrachtet es als seine höhere Aufgabe, diese Fähigkeiten auch auszuleben. Dies ist sein Weg, den Sinn seines Lebens zu finden (intuitiver Vorgang).

Möglich ist, daß er bestimmte Vorbilder hat, die ihm helfen, diesen Zusammenhang zu sehen.

Lektion 4

9. Feld, Merkur, Sonne, Jupiter, in Löwe

Sonja N.

Mit Sonne, Merkur, Jupiter im 9. Feld wird es diesen Menschen stark dazu treiben, die geistigen Zusammenhänge der Welt zu verstehen und sich darin einen Platz zu schaffen. Erfüllt von diesem Drang nach Höherem ist er auf der Suche nach persönlicher Religiosität und/oder dem Verlangen nach einer philosophischen Gesamtschau der Welt. Die Kräfte in ihm wollen ihn zur Erweiterung und Erhöhung seines Menschseins führen.

Gesteigerter Andrang von Plänen mit unbedingtem Glauben an deren Wert und Würdigkeit, so daß die Gefahr besteht, daß er sich bei der Ausführung übernehmen kann.

Es wird ein Mensch sein mit produktiver, impulsiver, großer Antriebskraft. Er besitzt ein großzügiges Organisationstalent mit breiten Entfaltungsmöglichkeiten, optimistischem Schwung des Herzens, Erfolg durch Kraft des vollen Einsatzes in dem, wofür Ehre und Verantwortung einstehen.

Seine Urteilskraft wird an spontane Überzeugung gebunden sein.

Er bringt Begabungen sorglos, wirkungssicher, großzügig mit den Mitteln umspringend zur Geltung. Seine Werte und Ziele vertritt er mit Mut zum Wagnis. Selbstgewählte Aufgaben unternehmungslustig organisierend. Eher über- als unterschätzende Selbsteinschätzung. Undiskutabler, das Ganze gewinnender oder verlierender

Dagmar S.

Sonne Konj. Jupiter Konj. Merkur in Löwe im 9. Feld

Dem Menschen ist sehr wichtig, sich selbst gegenüber treu zu sein, er sieht sich als Zentrum der Welt, besitzt großes Selbstvertrauen und Stolz, sieht sich als prädestiniert für Macht und Führung, braucht dabei die Bewunderung und Bestätigung durch andere, ist dann sehr großzügig und warmherzig. Er zeichnet sich durch hohe, auf andere abstrahlende Vitalität aus. Dies wirkt sich besonders in dem Lebensbereich aus, wo es darum geht, einen eigenen Standort in einem größeren Ganzen zu finden, das eigene Leben, die eigenen Werte in einem größeren Kontext (der Kulturen, Weltanschauungen, Philosophie und Religionen) einordnen zu können. Dies zu tun, ist ein zentrales Anliegen des Menschen, er sieht es als seine Lebensaufgabe, in diesem Bereich will er sich selber finden.

Gleichzeitig damit taucht der Impuls auf, das Vorgefundene auf analysierende, trennende Weise wahrzunehmen und zu begreifen, dabei ist wichtiger als Einzelheiten und Details das dahinterliegende Prinzip, das um was es eigentlich geht, der zentrale Punkt, von dem aus dann das Ganze begriffen werden will. Die auf diese Weise gefundenen Informationen wollen von dem Menschen nutzbar gemacht werden, infolgedessen will er sich intellektuell betätigen, auch lernen und kommunizieren. Auch dieser Antrieb richtet sich betont darauf, einen eigenen Standpunkt in einem größeren Kontext zu finden. Es heißt also: wenn ich wissen will, wo ich stehe, muß ich etwas von den verschiedenen Weltanschauungen und Welt- und Menschenbildern wissen. Wie eigne ich mir dieses Wissen auf die effektivste Weise an? Daraus folgt zum einen eine wohl mehr intellektuell ausgerichtete Beschäftigung mit diesem Bereich, zum anderen werden wohl umständliche und unnötig komplizierte Weltanschauungen abgelehnt. Wahrscheinlich rasches Begreifen und je nach Reife des Menschen vielseitiges Wissen in diesem Bereich.

Durch Konjunktion mit der Sonne wahrscheinlich selektive Auswahl der Informationen und Weltanschauungen, die für einen selbst von Bedeutung sind und den eigenen Werten und Weltsicht entsprechen. Die verschiedenen Weltanschauungen werden nicht nur unter dem Aspekt ihres Nutzens und ihrer konkreten Handhabung für die eigene Standortbestimmung betrachtet, sondern sie sollen auch einen Nutzen für die eigene Selbstverwirklichung haben. Alles, was der Mensch tut, besonders im Bereich des 9. Feldes, soll mit möglichst wenig Energieaufwand, als auf methodisch gutem Weg dem Horoskopeigner helfen, sich selbst treu zu sein, z.B. kann sich daraus eine gute Methode der Selbstdarstellung ergeben. In anderen Situationen, wo die Treue zu sich selbst, wo das Mittelpunkt- und Machtdenken einen reibungslosen Ablauf verhindert, kann ersteres etwas gehemmt werden. Also immer, wenn der Antrieb sich bemerkbar macht, zu sich selbst zu finden, wird dabei die Frage nach dem Nutzen und der Effizienz sowohl auch für die Denkfunktion breiten Raum einnehmen. Durch die Merkur-Löwe-Stellung wahrscheinlich in der Kommunikation mit anderen gute Überzeugungskraft. Die eigenen Überzeugungen werden sehr selbstbewußt vertreten. Mit einer Selbstverständlichkeit, die es anderen schwer macht, sich dem zu entziehen, wird die eigene Weltsicht als die Wesentliche, die Eigentliche gesehen, die -je nach Reife und Niveau - logisch-intellektuell fundiert ist. Gleichzeitig macht sich der Antrieb bemerkbar, die eigenen Anlagen zu entfalten und zur Blüte zu bringen, „mehr" daraus zu machen. Dies geschieht mit vollem Einsatz, mit viel Stolz und der festen Überzeugung von der Würde des Menschen und mit dem fast unerschütterlichen Glauben daran, daß die dem Menschen innewohnende vitale Kraft, die Anlagen im Menschen gut und wertvoll sind, es wert sind, entfaltet zu werden und daß der Mensch zu Höherem bestimmt ist. Mit diesem Drang in sich will der Mensch also über sich selbst hinauswachsen, hingerichtet auf höhere Ziele und Ideale. Es wird dem Menschen also nicht reichen, nur' in seiner Mitte zu ruhen, das Zentrum in sich zu finden. Das eigene Selbst will immer noch vervollkommnet werden. Gleichzeitig will sich die Denkfunktion und das Ökonomieprinzip verwirklichen, was heißen kann, daß auch daraus noch mehr gemacht werden will und u.U. dieses Ökonomieprinzip ethischen Idealen ein Stück weit untergeordnet wird. Genauso müssen wahrscheinlich ethische Ideale auch nützlich sein.

Besonders verwirklicht im 9. Feld heißt das, daß sich das Entfaltungsstreben auf die eigene Standortbestimmung in einem größeren Ganzen richtet. Dies ist der Bereich, wo der Mensch immer noch mehr aus sich und seinen Anlagen machen will.

Insgesamt also: Ein Mensch mit viel Selbstbewußtsein und Stolz, der eine eigene Weltsicht mit der Betonung auf die Individualität und Würde des Menschen großzügig entwirft, dies gleichzeitig intellektuell erfassen will und der neugierig auf andere Weltanschauungen und Philosophie ist. Dies wird wahrscheinlich nicht nur als Anlage vorhanden bleiben, sondern wird unter dem Aspekt der Ethik und des Sinns der menschlichen Existenz und der Würde des Menschen optimistisch und selbstbewußt verwirklicht und auch anderen Menschen gegenüber selbstbewußt vertreten. Der Mensch ist der festen Überzeugung, daß seine Anschauungen und seine Weltsicht auch für andere bestimmend sein müssen, und kann dies wahrscheinlich auch argumentativ begründen.

Lisa R./ Ulla M. (wurde nicht besprochen)

Sonne Konj. Merkur Konj. Jupiter im Löwen im IX. Feld

Auf dem Weg zu seiner Mitte, versucht dieser Mensch aus allen Situationen das jeweils Bestmögliche zu machen, allem Erleben und Geschehen einen Sinn zu geben und seine Anlagen optimal zur Entfaltung zu bringen. Seine Individuation versucht er auf effiziente Art rasch zu erreichen. Er geht davon aus, daß das, was für ihn optimal ist, auch für andere gut sein müßte.

Bei der Selbstverwirklichung seines Ich-Ideals zeigt sich dieser Mensch als dynamisch und dominant, er handelt aus einem naiven Selbstverständnis und einer starken Überzeugung heraus.

Seine selbstverständliche Dominanz, seine effiziente Durchführung von Ideen und sein Hang, alles für sich und damit auch für andere zur vollen Entfaltung zu bringen, äußern sich in Lebensbereichen, die sich mit bewußtseinserweiternden Inhalten wie Philosophie, Religion etc. beschäftigen.

Beispiele:

Ein Politiker in einer exponierten dominanten Stellung tritt mit einer unerschütterlichen Selbstsicherheit für eine bestimmte politische Richtung ein. Er versucht andere mit seiner Redegewandtheit davon zu überzeugen, daß seine Grundlage die Richtige ist. Da er selbst 100%ig von seinen Idealen überzeugt ist, wirkt er auf seine Zuhörer lauter, gelassen und souverän.

Ein Missionar versucht seine religiösen Überzeugungen, die er als Maß aller Dinge ansieht, auf andere zu übertragen; anderen religiösen Kulturkreisen im negativen Sinne seine Ideologie überzustülpen. Diese Planetenstellung kann durch die starke Subjektivität eine eingeschränkte Weltsicht zur Folge haben.

Ein anthroposophischer Bauer ist von dem anthroposophischen Wertesystem überzeugt. Er treibt aus einem Selbstverständnis heraus ökologischdynamischen Ackerbau. Durch sein selbstsicheres Auftreten und seine gute Argumentationsfähigkeit gibt er den anderen zu verstehen, daß das, was für ihn gut ist, auch für die anderen gut sein müßte.

Claudia F. (wurde nicht besprochen)

Dieser Mensch hat große Pläne, die über den (engen) häuslichen Bereich weit hinausgehen. Er möchte „Welten erobern".

Sonne Konj. Jupiter Konj. Merkur in 9. Haus Löwe

Mit unerschütterlichem Optimismus setzt er eine selbstverständliche Berechtigung seiner Ziele voraus. Sein Bedürfnis nach Ruhm und allgemeiner Anerkennung läßt ihn vielleicht manchmal den von ihm angestrebten Zustand gedanklich vorwegnehmen und wenn seine Fähigkeiten und seine Ausdauer nicht ausreichen, dann bleiben seine Ziele Luftschlösser.

Sein Gefühl innerer Stärke macht ihn generös, solange er nicht allzu großen Einschränkungen unterworfen ist.

Seine Überzeugung von seinen Fähigkeiten ist sehr groß und wahrscheinlich wird er sein Denken und seine Urteilskraft oft in den Dienst seines zentralen Standpunktes stellen. Es fällt ihm einfach schwer, zu seinen Bedürfnissen und seinem Glauben an die Wichtigkeit seiner Mission eine kritische Distanz herzustellen und dann kann nicht sein, was nicht sein darf.

Als reifer Mensch, der gelernt hat, sich der prinzipiellen Relativität jedes Standpunktes bewußt zu sein, kann er dann vielleicht seinen eigenen besonders überzeugend und redegewandt anderen klarmachen. Sein Standpunkt wird für ihn aber immer „der Nabel der Welt" sein.

Da er im Innersten davon überzeugt ist, das Nützliche mit dem Guten vereinbart zu haben, wird er seine Projekte und Pläne mit Schwung und Optimismus angehen. Manchmal tritt dabei das exakte Erfassen von Tatsachen in den Hintergrund, oder wird durch Wünsche und Projektionen überdeckt.

Sein Interesse gilt dem Überpersönlichen, Internationalen oder aber weltanschaulichen Bereichen, wobei er aber selbstverständlich eine zentrale Stellung einnimmt. (Zumindest in seinen Gedanken).

Er möchte „Kontinente entdecken" oder „Weltreiche regieren" - durchaus auch zum Nutzen aller.

Als junger Mensch hat er es sicher schwer, solange seine realen Fähigkeiten eine Verwirklichung seines großen Anspruchs nicht erlauben. Vielleicht wird er Klassensprecher, Chef einer „Bande", oder er befriedigt seine Vorstellungen in seiner Phantasie, etwa indem er sich mit den Helden seiner Abenteuerromane identifiziert.

Als Erwachsener wird ihn sein Expansionsdrang zu größeren Aufgaben drängen, z. B. Politik, Welthandel, als Wirtschaftsmagnat, oder er führt Expeditionen durch. Jedenfalls fühlt er sich vermutlich berufen, Herrscher irgendeines Imperiums zu sein.

Eine gewisse Einseitigkeit beim Vertreten des eigenen Standpunktes und sein Glaube an dessen unbedingte Richtigkeit und Nützlichkeit, befähigen ihn z.B. für Umweltorganisationen tätig zu sein. (Bspw. Durchführen einer Aktion von Greenpeace - nicht so sehr die planerische Kleinarbeit, sondern der große Wurf, die action.)

Lektion 5

Mars in Skorpion

Heidi B.

Mars Konj. Neptun in Skorpion Quadrat Sonne Konj. Merkur Konj. Jupiter in Löwe

Wir haben es hier mit einem vielfältig aspektierten, also stark gestellten Mars zu tun, den es drängt, sich auszudrücken. Daß Mars sich in einem Zeichen befindet, das ihm selbst zugeordnet ist, ist ein weiterer Hinweis auf das vorher Gesagte.

Dieser Mars wird sich leidenschaftlich und in die Tiefe dringend äußern, bei allen Dingen, die das XII. Feld betreffen.

Konkretion

Der Horokopeigner möchte zum Grund der Erscheinungen vordringen, wobei er vor keiner Erfahrung zurückschrecken wird. Die Möglichkeit einer Niederlage ist für ihn kein Grund, etwas aufzugeben, was er sich gern zu eigen machen möchte. Diese Tendenz wird ganz entscheidend durch die Sonne Konj. Merkur Konj. Jupiter in Löwe verstärkt.

☿ ♂ ☉ ♂ ♃

Sein großes Selbstvertrauen, sein Impuls Vorgefundenes analysierend zu verarbeiten und sein Drang, seine Anlagen auf ein Optimum hin zu entfalten, geben diesem Menschen einen Mut, der als waghalsig angesehen werden muß. Denn es mangelt dem Horoskopeigner oft an der realistischen Einschätzung seiner Möglichkeiten und Grenzen. Leicht geht er über die Gefahr eigener psychischer und physischer Verletzlichkeit hinweg.

♂/XII □ (☉♂☿♂♃)

So hat dieser Mensch sicherlich eine hohe Risikobereitschaft, wobei er sicher nicht nur höchste Höhen, sondern auch tiefe Tiefen erleben wird. (Mars in XII Quadrat Sonne Konj. Merkur Konj. Jupiter in Löwe).

Mit seiner selbstgewissen Leidenschaftlichkeit und seiner scharfen Beobachtungsgabe, seinem analysierenden Verstand gelingt es dem Horoskopeigner mühelos, seine Mitmenschen zu Äußerungen und Handlungen zu veranlassen, die diese normalerweise unterlassen würden. So wie der Horoskopeigner selbst zu den äußersten Grenzen vordringen wird, so ist er auch in der Gefahr, seine Mitmenschen an Grenzen zu treiben. Seine Heftigkeit und seine nicht immer feinen Mittel, ergeben dann nicht gerade einen umgänglichen Menschen.

Erschwerend kommt zu der oben genannten Tendenz hinzu, daß es weder für den Horoskopeigner selbst noch für seine Umwelt leicht sein wird, sein Wollen, seine Antriebskräfte zu durchschauen. Was er wirklich begehrt, hält er auch oft vor sich selbst zurück, noch weniger wagt er es, dies vor seiner Umwelt einzugestehen. Seine Motive und Beweggründe ruhen für ihn selbst auch oft im Verborgenen. Das führt dann dazu, daß die Umwelt oft gar nicht gleich bemerkt, wenn der Horoskopeigner in Domänen eindringt, die ihm nicht zugedacht sind. So kann sich die Umwelt leicht vom Horoskopeigner vereinnahmt fühlen, das führt dann zum Rückzug der Umwelt. Beim Horoskopeigner kommt dann leicht das Gefühl auf „ich kriege nie, was ich begehre" oder „ich will ja nur ganz wenig und nicht einmal das bekomme ich". So befindet er sich öfter in der unerfreulichen Situation, daß er vor einem gedeckten Tisch sitzt und er dennoch nichts zu Essen bekommt.

All dies führt zu Abgeschlossenheit und Einsamkeitsgefühlen, deren Bekanntschaft der Horoskopeigner schon in früher Kindheit gemacht haben wird.

♆/XII ☌ ♂ und □ (☉/☿/♃)

Neptun in XII in Konj. zu Mars und das Quadrat zu Sonne-, Merkur-, Jupiter-Konjunktion in Löwe veranlassen den Horoskopeigner dazu, daß er das geängstigte und einsame Kind, das er selbst einmal war, verdrängen muß und vor sich selbst nur schwer eingestehen kann.

(Sowohl Riemann S. 29 als auch Liz Greene sprechen vom XII. Haus, als dem Haus des familiären Unbewußten und vom Haus frühkindlicher Ängste, Einsamkeits- und Trennungserlebnissen. Dafür spricht auch die Tatsache, daß sowohl Xylander als auch Ring das XII. Haus als psychisch einordnen).

Durch Mars Konj. Neptun wird sich der Horoskopeigner schwer tun, negative Erfahrungen nicht in verborgene Schuld- und Angstgefühle umzusetzen, die dann die Kontakte und Kommunikation erschweren.

Mir scheint es darüber hinaus als wahrscheinlich, daß der Horoskopeigner öfter einmal die Rolle des „Schwarzen Schafs" in seiner Familie innehatte.

Lektion 6

**Mars Konj.
Neptun in Skorpion
im 12. Haus**

Dagmar S.

Wenn der Mensch sich behaupten und durchsetzen will gegenüber anderen Menschen und seiner Umwelt, nach aktiver Entäußerung von Trieben und Interessen drängt, handelt er aus der Deckung heraus, plötzlich und für andere überraschend hervorstoßend, sich selbst keine Blöße gebend. Im Hintergrund lauerndes, kühl berechnendes Vorgehen, nie das Ziel aus den Augen verlierend, fast besessen davon, wird das Ziel ausdauernd und beharrlich verfolgt, wobei jedes Mittel recht ist, auch vor Heimtücke wird nicht zurückgeschreckt u. U. fähig, Niederlagen einzustecken, fähig, bei Hindernissen und Schwierigkeiten, die sich dem Menschen entgegenstellen, nicht zu verzagen, sondern dann erst Recht alle Kräfte zu mobilisieren, oft kommt erst dann der Wille zur Durchsetzung voll raus. Dabei vor nichts zurückschreckend. Starke sexuelle Tönung der Durchsetzung.

Dies äußert sich besonders in dem Lebensbereich, wo das Ganze, das Gesamte der Menschheit, der Natur, des Kosmos im Vordergrund steht, hinter dem individuelle Bedürfnisse und Wünsche zurückstehen, wo Einzelschicksale nur in Bezug auf dieses Ganze, nur im Einfluß auf dieses Ganze eine Bedeutung haben. Aktiver bis hin zum aggressiven, bis auf's Ganze gehender Einsatz für Belange der Allgemeinheit, wobei keine Kompromisse geschlossen werden. Also keine Durchsetzung der Eigeninteressen, sondern von dem, was diesem Überpersönlichen, diesem Allgemeinen dient. Schäden, z.B. Einsamkeit und Isolation, die dabei für einen selbst entstehen können (aufgrund des Unverständnis der Umwelt für so etwas) werden in Kauf genommen. Aufgrund der Absolutheit des Durchsetzungswillens, der mitunter ethischen Werten nicht entsprechenden Mitteln der Durchsetzung, der Unberechenbarkeit für andere und deren Unverständnis für den Einsatz für diese Ziele (da es ja den Menschen selbst erst einmal konkret nichts nützt) u.U. Abgleiten in die Kriminalität, z.B. terroristische Anschläge auf großindustrielle Umweltverschmutzer.

Gleichzeitig mit dieser Tatkraft, die eingesetzt wird für ein Leben der Menschen in Einklang mit der Natur, dem Kosmos, macht sich der Teil im Menschen bemerkbar, der sich mit allem Eins fühlt, der an allem teilnimmt und teilhat, der die kosmische Einheit, die kosmische Harmonie von allem fühlt, der an allem teilnimmt und teilhat, der die kosmische Einheit, die kosmische Harmonie von allem spürt, wo dann alle Grenzen zwischen dem Ich und dem Universum sich aufgelöst haben. Eine totale Verschmelzung mit diesem Überpersönlichen, Allumfassenden wird ersehnt, der Drang danach äußert sich intensiv und absolut, ist dann nicht lau oder halbherzig und wird daher oft exzessiv ausgelebt in Hinwendung zu allem Grenzüberschreitenden. Dieser Drang im Menschen ist von innerer, unruhevoller Spannung getragen, strebt drangvoll nach

26

grenzüberschreitenden Erfahrungen, er ist damit genau so gelagert, wie alle Menschen seiner Generation.

Dies verwirklicht er besonders in dem Lebensbereich, der dieser Kraft im Menschen entspricht, der des größeren, allumfassenden Ganzen. Totales sich hingeben an das Ganze, das Kosmische, das Tao. Die Bereitschaft, sogar die Sehnsucht und der Drang danach, das Ich mit all seinen persönlichen Bedürfnissen und Bestrebungen aufzugeben, um in dieses Ganze einzugehen und ungeteilt, nicht mehr als vereinzeltes, isoliertes, nach außen und innen hin abgeschlossenes Ich existierend, darin aufzugehen, daher u.U. Rückzug aus dem alltäglichen, so irdischen Leben, um sich ganz diesem Fluß des Tao hingeben zu können. Geprägt ist dies von der Suche nach dem Dahinterliegenden, daher wahrscheinlich Hinwendung zum Mystischen.

Das Prinzip Partizipation meint aber auch die Anteilnahme an allem, was um den Menschen herum und was in der Welt vorgeht, meint das Mitempfinden mit der Freude der Verliebten, den Hungernden in Afrika, dem kränkelnden Wald, dem Bettler auf der Straße.

Dies Mitempfinden des Leids in der Welt kann dem Tatendrang in Bezug auf über den Menschen selbst hinausgehende Belange noch mehr Motivation geben, kann die Schlagkraft aber auch etwas hemmen, eben weil der Mensch dann mit den Menschen, die er in seinem Kampf für das Ganze schädigt und verletzt, mitleidet. Der Tatendrang verliert wohl auch etwas von seiner Zielgerichtetheit, er wird etwas „vernebelt". Die Durchsetzung bekommt auch ein feinsinniges Gespür, einstimmungsfähige Fantasie beigefügt, was gerade der skorpionischen Art der Durchsetzung (dem in die Falle locken und bei passender Gelegenheit zupacken) zugute kommen kann. Das Repertoire an Mitteln wird umfassender.

Wenn gleichzeitig mit der Neptunkraft ein aktiver Wille, ein Durchsetzungswille sich bemerkbar macht, bekommt dieses Gefühl, diese Sehnsucht nach Einssein und Verschmelzung mit dem Ganzen etwas mehr Entschiedenheit, fällt es dem Menschen aufgrund der Willenskraft wohl auch leichter, sich von irdischen Fesseln zu lösen, umganz in dieses mystische Reich eintreten zu können, ist der Mensch wohl auch bereit und gewillt dazu, sich aktiv und vielleicht auch kämpferisch dafür einzusetzen, daß dies ihm möglich wird.

Der Mensch spürt eine innere Spannung zwischen den beiden beschriebenen Komplexen in ihm. Er hat das Gefühl, daß er, wenn er in dieses allumfassende Ganze eingehen will und für die Gesamtheit alles dessen,was im Kosmos vorkommt, kämpft - seine Persönlichkeit, seinen Stolz, sein Selbstbewußtsein, das Gefühl, etwas Besonderes zu sein, was ihm aber äußerst wichtig ist - aufgeben muß. Immer, wenn er stolz seinen Standpunkt in einem größeren Zusammenhang finden will, was sein zentrales Anliegen ist, dabei seinen Intellekt einsetzt, hier seine Entfaltungsmöglichkeiten sieht, hat er das Gefühl, daß der Drang in ihm danach, sein persönliches Ich aufzugeben und für etwas zu kämpfen, wo er selbst keine

Rolle spielt, wovon er selbst keinen Nutzen hat, hindert und stört. Genauso kann er nicht, wie der eine Teil es in ihm will, sich dem Fluß des Tao voll hingeben und für das Gesamte kämpfen in altruistischer Weise, weil sein Ego ihm zu wichtig dafür ist, auch weil ihm der Intellekt, eine analytisch, klare Wahrnehmung und ein konkreter Nutzen für sich selbst und das Allgemeinwohl wichtig ist, was aber alles diese totale Hingabe an das Ganze und die Bereitschaft, sich im Kampf für dieses Ganze selbst zu opfern, fast unmöglich macht, was somit wohl zur Folge hat, daß der Mensch den Drang in sich nach totaler Hingabe nicht voll auslebt. So ist auch die Weltsicht, die getragen ist von ethischen Idealen und die auf die Individualität des Menschen pocht, dieses Menschen gebrochen.

Das sich Mittragen lassen vom Stimmungshaften, Zeitgemäßen, die leichte Beeinflußbarkeit kann es dem Menschen erschweren, eine in sich selbst gefundene und gegründete Weltsicht zu entwickeln. Dabei auch möglicherweise wegen der Ausrichtung am Utopischen, Visionären, Ersehnten ein mangelhafter Realitätssinn. Das stolze Selbstwertgefühl ist durchsetzt von unbewußten Sehnsüchten nach dem Aufgehen in einer alles umfassenden Einheit, nach dem Traumhaften, Fantastischen. Manchmal vielleicht Flucht in dieses Fantastische, in eine Schein-Einheit mit allem, aber wahrscheinlicher ist wohl eine Verdrängung, eine Abwehr von diesem Teil in ihm, weil der stolze, bewußte, verstandesmäßige Teil in ihm der stärker Wirkende ist und dieser Neptunteil in der heutigen Welt auch schwer zu leben ist. Das stolz als das Eigene Vertretene verliert seine Geschlossenheit, ist u.U. durchsetzt von dem allgemein in der Generation stimmungshaft Vorhandenen, auch von dem, auf was unbewußte Sehnsüchte nach dem Einssein mit allem anspringen. Angst vor Auflösung der Persönlichkeit, Verlust an Objektivität und Neutralität, weil sich das Verdrängte doch immer wieder durchsetzt, weil das analytische Verstehen und Begreifen mit Blick auf den Kern der Sache immer wieder gestört und aufgehoben wird von einem mehr ahnungshaften Erfassen, das alles miteinschließt, wobei die unbewußten, verdrängten tiefliegenden Sehnsüchte, das Visionäre, das Mystische, was nach Erfüllung sucht, schnell in das intellektuell Erfaßte hineinprojiziert wird. Aufgrund der Ausrichtung am Traumhaften kann der Wahrheitsgehalt der aufgenommenen und weitergegebenen Informationen leiden. Die Gefahr, sich dabei von Mystizismus täuschen und blenden zu lassen. Sehr hohe, weitumfassende, visionäre Ideale, was zu Frustration führen kann. Auch werden eigene Begabungen nicht mehr klar erkannt, weil sie vage und umfassend erscheinen. Die Gefahr, bei der Selbstentfaltung und Selbstverwirklichung im Erträumten und Ersehnten stecken zu bleiben.

Der Mensch hat das Gefühl von Fehleinsätzen seiner Energie und Tatkraft, er hat das Gefühl, daß er sie an Dinge verschwendet, die an seinen eigentlichen Begabungen und Interessen vorbeigehen. Vorausgabe der Energie in Kurzschlußhandlungen bei Sachen, die dem Menschen nicht wirklich wichtig sind, die die Durchführung der eigentlich ihm wesentlichen Dinge sogar schaden. Der Mensch empfindet seine eigenen Aktionen oft als sinnlos und Verschwendung von Energie, zu wenig konkreten Nutzen bringend, sowohl sich selbst als dem Allgemeinwohl. Die so plötzlich hervortretende, dann bis aufs Ganze gehende Tatkraft schlägt häufig über die Stränge, kann schwer Maß halten. U. U. unkontrollierte, von dem Menschen bewußt selbst nicht beabsichtigte Gewalttaten. Vielleicht sogar Angst vor dem eigenen Tatendrang, dem eigenen Aggressionspotential, da dieses ja besonders für Belange des Gesamten, Ganzen eingesetzt werden will, wobei ja auch immer der Drang danach, selbst in diesem allumfassenden Ganzen, dem in Richtung Mystik gehenden, aufzugehen sich gleichzeitig bemerkbar macht, was alles der stolzen Selbstentfaltung, der intellektmäßigen Neugierde und der auf Würde des Menschen bedachten Verwirklichung des inneren Wesenskern entgegensteht. Der kämpferische Einsatz für das Allgemeine verliert dabei etwas von seiner altruistischen, aufopferungsbereiten Haltung aufgrund der Betonung auf dem eigenen Ego. Verlust von Objektivität und Toleranz für die Anschauungen anderer in der Auseinandersetzung mit und der Weitergabe von Weltanschaulichem, da dabei der eigene Durchsetzungswille mit reinspielt. Hang zu Streitgesprächen. Auf ökonomische Methodik bedachtes Durchdenken von den eigenen Taten und Aktionen kann die Spontaneität und oft auch die Aktionen selbst behindern. Dies ergibt damit aber auch die Möglichkeit, daß sich dabei das dem Menschen eigentlich wesentliche gegenüber unbedachten Kurzschlußhandlungen durchringt. Insgesamt neigt der Mensch zu Übertreibungen in seinem Stolz, seinem Entfaltungswillen und seinem Eigenwillen. Die Neigung dazu, nur das Eigene als das Wesentliche zu sehen, wird noch verstärkt. Die eigenen Handlungen sind oft der Realität nicht angepaßt. Ehrgeiz und Wille gehen über das tatsächlich Mögliche hinaus, u.U. ständige Unzufriedenheit mit dem Erreichten. Das Großmütige, auf die Würde des Menschen bedachte, auf die Möglichkeit der freien Entfaltung aller Menschen Dringende, ist unterwandert von einem Zerstörungsdrang des Persönlichen des Menschen.

Philipp T.

Neptun in Skorpion in 12 Konj. Mars

Der Horoskopeigner (HE) hat Teil an der Illusion seiner Zeit, an ihrer Massenstimmung, ihren kollektiven, transzendenten Bedürfnissen, ihrer spezifischen Art, wie sie sich dem Geheimnisvollen zuwendet, an dem Geschehen des zeitgleichen Auftretens von Verwandtem.

Neptun in Skorpion in 12

Die inhaltliche Färbung dieser Massenstimmung ist die der reinigenden Umwandlung, des Zerfalls überholter und der Schau neuer Werte, des reibenden Austrags von Spannungen.

Leben wird der HE seinen Anteil an dieser auf reinigenden Umbruch gehenden Massenstimmung eher in anonymen gesellschaftlichen Mächten, ggf. im Inoffiziellen oder Geheimen.

Mars in Skorpion in 12

Die Kraft des HE, die auf verdrängend-raumeinnehmende Durchsetzung geht, seine Kampf-, Konkurrenz- und Aggressionsbereitschaft äußert sich nachhaltig (fix) und zwar besonders auf seelischer Ebene (Wasser). Sein Antrieb ist unruhig, vielleicht löst er leicht und ohne Rücksicht seelische Spannungen aus, die er selber gut erträgt. Dabei äußert sich dieser seelisch spannungshaft gefärbte Antrieb im Bereich des Verborgenen, sei es im Kampf gegen unbestimmbare Mächte oder allgemein in der Heimlichkeit. Vielleicht bringt er Untergründig-Atmosphärisches zum Ausbruch oder er agiert mit Vorliebe aus dem Hinterhalt.

Konjunktion: Neptun - Mars

Die Teilhabe am kollektiven Bezug zum Transzendenten bedeutet für den HE immer auch ein persönliches Hervortreten. Vielleicht reizt es ihn, in dem als Massenstimmung Gefühlten aktiv zu werden. Auch geht mit aller Eigendurchsetzung des HE die Dimension des Über-Empirischen einher. Z.B. nutzt er massensuggestives Engagement zur Selbstbehauptung.

Muster-Gutachten:

Männliche Geburt, 18. 8. 1967, 14.32 Uhr

Das Gutachten wurde im Oktober 1980 erstellt, als der Horoskop-Eigner noch ein Kind war (im Auftrage der Eltern).

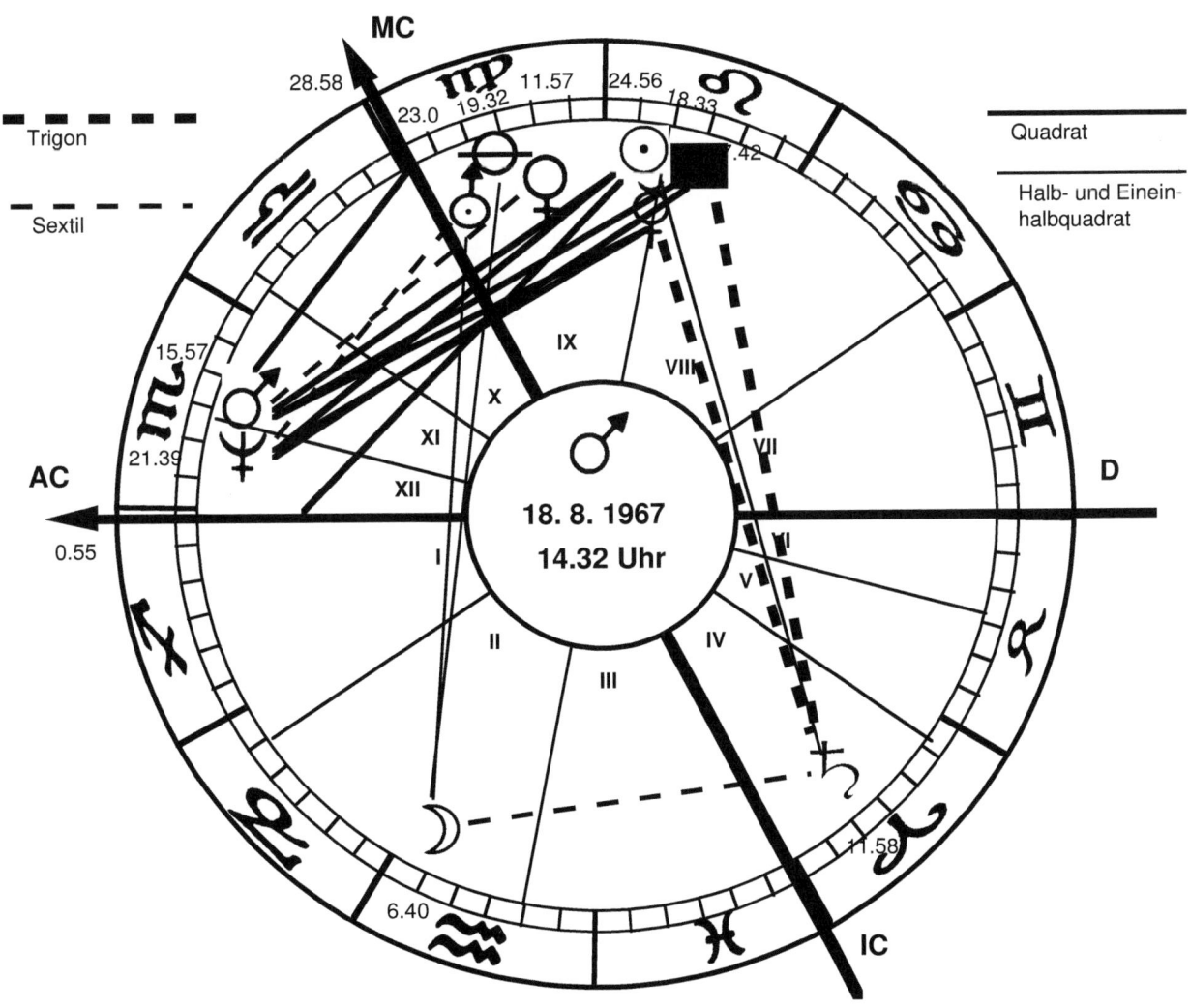

Sehr geehrte Eltern,

die Deutung eines Kinderhoroskops im Auftrage der Eltern ist immer eine besondere Verantwortung und auch eine besondere Schwierigkeit, weil man ja nicht wissen kann, auf welchen Boden sie fällt.
Mir ist es deshalb wichtig, Sie noch einmal auf die Passagen meiner Broschüre hinzuweisen, die sich mit den Aussagegrenzen des Horoskops befassen: Weder das Intelligenzniveau noch ein „guter" oder „schlechter" Charakter sind aus dem Horoskop ablesbar. Was man beschreiben kann, sind Möglichkeiten bzw. Gefährdungen, die mit bestimmten Eigenheiten zusammenhängen können, und man kann versuchen, die Grundlagen dieser Eigenheiten zu erfassen.

☉, ♃ in ♌,
☉/♃ □ ♂, ☉ u. ♃
(Geburtsherrscher) in
9, AC in ♐.

Ihr Sohn ist ein anspruchsvolles Kind, und er will hoch hinaus.

Es verlangt von den Eltern viel Fingerspitzengefühl, einerseits den Geltungsdrang des Kindes etwas zu bremsen, andererseits aber seinen empfindlichen Stolz dabei nicht zu verletzen. Ein Astrologe sagte einmal: „Sie können von einem Löwen viel erwarten; bitte versuchen Sie aber nicht, ihn ausgerechnet zu Bescheidenheit zu erziehen." Dies gilt sicher auch für Ihren Sohn. Sie würden ihn zur Verleugnung seines Wesens zwingen, wollten Sie ihn zu Bescheidenheit oder gar Unterwürfigkeit anleiten, und Sie würden ihm damit sehr schaden.

☉ in♌, ☽ in ♒, ☉
□ ♂, ☉ ♂ ♃

Andererseits wäre es ebenso gefährlich, ihn in seinen sicherlich schon früh zutage tretenden selbstüberschätzenden Haltungen zu unterstützen. Es kommt im Gegenteil darauf an, ihn *ohne Abwertung und Moralisieren* diese Haltung bewußt zu machen, ihn darauf aufmerksam zu machen,was er da tut, ihm zu zeigen, daß man es bemerkt, und ihn so zu Selbstkritik anzuregen. Sicher wird ihm diese Selbstkritik leichter fallen, wenn man ihm vermittelt, daß Selbstkritik eine Fähigkeit ist, zu der Mut gehört, und daß sie außerdem nicht für seinen Stolz abträglich zu sein braucht.

Wegen ☉ ⯗ ♄ und
☽ ⚹ ♄: Anfälligkeit
für Schuldgefühle

Ihr Sohn hat einen großen Leistungsehrgeiz [abcde] , und sicher auch eine große Leistungsfähigkeit, hat Einsatzbereitschaft[abd], zeigt Begeisterungsfähigkeit für ein Ziel bzw. eine Aufgabe und kann auch bei Widerständen durchhalten[e], wenn er vom Wert seines Tuns im Innersten überzeugt ist[b]. Seine Risikobereitschaft und seine Lust am Abenteuer wird ihn zu mancher Tollkühnheit verleiten[aef], nicht zuletzt wohl auch, um Kameraden damit zu beeindrucken[be]. Dieses „Sich-in-eine-Sache-stürzen" kann im späteren Leben die Form annehmen, daß er in Bereiche eindringt, die er nicht zu halten vermag[f] -etwa im Beruf-, sich an Aufgaben wagt, die zwar „ehrenvoll" sind, mit denen er sich aber schlicht übernimmt.

a. ☉ □ ♂,
b. ♃ ♂ ☉,
c. ♃/♌,
d. ☉/♌,
e. ♂/♏,
f. ♃ □ ♂

Manchmal hat er aber auch einfach nicht die Geduld, bis zum Erreichen der von ihm angestrebten Ziele abzuwarten, möchte die Früchte seiner Arbeit (insbesondere im Hinblick auf die damit verbundene Geltung) schneller haben. Vor diesem Hintergrund muß man wohl manche Prahlerei oder sogar evtl. vorkommende Lügen als Vorwegnahme angestrebter Erfolge betrachten. Die beste Reaktion darauf ist sicher, einerseits Verständnis für seine Ungeduld zu zeigen („Das ist das, was Du anstrebst und vielleicht auch erreichen wirst; und es fällt Dir schwer, zu warten, bis Du wirklich soweit bist."), andererseits ihn aber (doch ohne „moralischen Zeigefinger") auf die Unangemessenheit hinzuweisen, evtl. auch an seinen Stolz zu appellieren, etwa in dem Sinne: „Du hast es doch nicht nötig, aufzubauschen."

☉ ☌ ♃, ☉+♃/♌, ♃ □ ♂, ☿ □ ♂, ☿ □ ♆, ♃ □ ♆

Es ist nur ein kleiner Schritt vom harmlosen „Jägerlatein": Ein Ausschmücken und Interessanter-Machen (und damit natürlich auch sich selbst etwas interessanter machen), zur Prahlerei mit regelrechten Unwahrheiten, und von dort ist es nur noch *ein* Schritt zum regelrechten Betrug an der Mitwelt. Im Kindesalter geht häufig alles noch ineinander über und deutet oft einfach auf eine noch nicht kontrollierbare Phantasietätigkeit. Für die Eltern ist wichtig, immer wieder geduldig auf „die Realität" hinzuweisen, die Folgen solcher Handlungen zu erklären (etwa Vertrauensverlust bei den Mitmenschen oder aber die Gefahr, sich lächerlich zu machen). Ebensowichtig ist aber, dabei möglichst nie Angst zu machen, sondern es einfach zu erklären.[a]

☉/♌, ☉+♃ □ ♆, ♂ □ ♆, a. ☉ ⚼ ♄, ☽ ⚹ ♄.

Eine andere Sache ist, ob nicht Sie als Eltern ungewollt solche Verhaltensweisen vielleicht unterstützen, weil Sie „ehrgeizig für Ihre Kinder" sind, Ihrem Sohn evtl. das Gefühl geben, daß er so richtig nur akzeptiert wird, wenn er auch etwas leistet.

☉ ⚼ ♄, ♄ in 4., ☽ ⚹ ♄

Fatal wäre aber auch das Gegenteil: daß Sie nämlich seinen Leistungsstolz dadurch enttäuschen, daß Ihnen scheinbar gar nichts an Leistungen liegt. Es kommt, wie immer, auf das rechte Maß an, und Sie müssen wissen, daß Ihr Sohn gern beachtet (auch bewundert) werden möchte, und dazu muß man auf etwaige Erfolge auch wirklich eingehen.

♂ in 12, ☉/♌

Es ist verständlich, daß ein Kind mit einem empfindlichen Stolz es schwer hat, begangene Fehler einzusehen, was im Erwachsenen- aber auch schon im Jugendalter zu rechthaberischen Verhaltensweisen führen kann.
Er hat zwar ein gut entwickeltes Gerechtigkeitsgefühl, doch es gibt ein Nietzsche-Wort, das hier vielleicht paßt: „`Das hast Du getan`, sagt Dein Gedächtnis. `Das kannst Du nicht getan haben`, sagt Dein Stolz. Endlich - gibt Dein Gedächtnis nach."

Betonung von ♌, ♂ □ ☿

Es ist hier wichtig, ihm **vorzuleben**, wie man einen Fehler akzeptieren und einsehen kann, ohne daß damit der eigene Selbstwert in Frage gestellt wird. Ein gutes Übungsfeld bietet dafür bei Kindern noch das Spiel: dort geht es nämlich um die Fähigkeit, gelassen ein Verlieren zu akzeptieren. (Löwe-Thema)

Nun könnte ich mir vorstellen, daß Ihr Sohn zuweilen eine Handlungsweise auch da **für sich** beansprucht, wo er sie anderen nicht unbedingt zubilligt. Das hängt damit zusammen, daß er sich im Innersten als „etwas

Besonderes" empfindet und daraus auch gewisse Privilegien ableitet, die er schon von vornherein zu haben glaubt, einfach deshalb, weil er der ist, der er ist, die er sich also nicht etwa erst verdienen muß. Es ist möglich, daß diese Haltung an ihm gar nicht so auffällt, weil er diese Privilegien nicht in dem Sinne direkt fordert, sondern weil sie eine so selbstverständliche Erwartung von ihm sind, daß sie auch oft von der Umgebung erfüllt werden.

Im Verhalten seinen Altersgenossen gegenüber äußert sich seine Überzeugung von der Einzigartigkeit seines Wesens am ehesten in einem selbstverständlichen Führungsanspruch, der vermutlich von den Altersgenossen auch akzeptiert wird, weil Ihr Sohn die notwendige Aggressivität besitzen dürfte, diesen Anspruch auch durchzusetzen. Doch hängt dies ein wenig von seiner körperlichen Konstitution ab, denn im Kindesalter zählt noch am ehesten die körperliche Stärke. Ist diese Konstitution eher schwach, so fehlt ihm natürlich der Hebel für die Durchsetzung seiner Ansprüche.

Darauf sind zwei Reaktionen möglich: Zum einen ist er u.U. sehr geschickt, Gruppenprozesse, Situationen günstiger Art für sich auszunützen, ohne daß es zu einem offenen Konflikt kommen muß. Er kann dann auch mal warten auf einen günstigen Moment, und manchmal mag es ihm auch reichen, „im Hintergrund" die Fäden in der Hand zu halten, in gewissem Sinne unbemerkt seinen Willen durchzusetzen. Zum anderen ist es möglich (was ich aber für unwahrscheinlich halte), daß er zwar innerlich von der Berechtigung seines Anspruchs überzeugt ist, diese Überzeugung aber keiner Bewährungsprobe aussetzt. Es bleibt dann ein „heimliches Prinzentum", um das nur er weiß.

Dieser letzte Fall könnte Ursache ernster Kontaktschwierigkeiten sein, es käme zu Absonderungstendenzen von anderen aus dem Gefühl heraus, von denen nicht verstanden (was auch heißt: nicht gebührend gewürdigt) zu werden, und später im Alter kann aus einer solchen Haltung regelrecht Einsamkeit werden.

Es ist wichtig, bei Ihrem Sohn schon früh Verständnis für das außerhalb seines Wesens Liegende zu fördern, für die Fähigkeit, sich in andere hineinzudenken und dabei evtl. auch vorzustellen, wie wohl das eigene Verhalten auf andere wirken mag.

Der Hintergrund all dieser Probleme, die ich Ihnen hier so ausführlich schildere, ist bei Ihrem Sohn eine besondere Sensibilität für die Frage: Wer bin ich? Hinter diesem Gefühl, etwas Besonderes zu sein, steckt geradezu eine Angst, er könnte so gewöhnlich sein wie andere. Für manche Menschen macht es keine Schwierigkeiten, sich vorzustellen und dies auch zu akzeptieren: Ich bin ebenso wie andere auch. Für Ihren Sohn ist das anders, besonders wohl auch jetzt in der Pubertät: er kann nicht leben mit der Vorstellung, einer von ganz vielen, ein *Wassertropfen im Meer* zu sein. Man könnte es als eine Aufgabe seines Horoskops bezeichnen, daß er im Laufe seines Entwicklungsprozesses den tieferen Sinn dieser Angst verstehen lernt und sie damit überwindet.

34

Hinzu kommt, daß Ihr Sohn, wie ich es ja auch schon beschrieben habe, ein starkes Gespür für Machtverhältnisse hat, das Bedürfnis zeigt, bestimmend auf andere Menschen einzuwirken, im Gegensatz dazu aber Einschränkungen seiner Handlungsfreiheit oder seines Kompetenzbereichs nahezu als eine Art „Majestätsbeleidigung" empfindet. Menschen wie er handeln oft wie aus einem *höheren Auftrag* heraus, was ihnen eine absolute Überzeugung von Wert und Würdigkeit der von ihnen vertretenen Sache gibt.

Für seinen späteren Beruf bedeutet das u.a., daß er mit der Unterordnung Probleme haben wird. Er braucht in seinem Beruf einen Bereich, über den er „herrschen" kann, einen eigenen „Machtbereich", in den ihm niemand hineinreden kann und darf. Einzig eine „echte" Autorität, die sich sowohl durch Qualifikation als auch durch eine „hohe Geisteshaltung" als berechtigte Autorität ausweist, wird er als Führung wirklich anerkennen.

In seinem Innersten sucht er eine solche Autorität auch, wünscht sich ein solches Vorbild (was im Kindesalter noch der Vater sein kann, doch wird um die Pubertät herum meist der Vater als Vorbild abgelöst - dies kann für den Vater u.U. ein recht schmerzhafter Prozeß sein, der aber gut und notwendig ist!). Für eine Übergangsphase können Idole verschiedenster Art an die Stelle treten. Seinem Wesen nach ist er allem „Höheren" geöffnet, was konkret sehr Verschiedenes sein kann, und für ihn wird die Frage nach dem „Sinn" seines persönlichen Lebens immer einen besonderen Stellenwert haben.

Diesen „Sinn" kann man außen suchen und innen, und manchmal sucht man etwas, ohne selbst zu wissen, daß es die Frage nach dem Sinn des eigenen Lebens ist. Vielleicht wird er, fernhungrig wie er ist, weite Reisen machen und seinen Gesichtskreis so zu erweitern suchen. Er hat ohnehin das Gefühl, daß die Verhältnisse zu Hause bzw. in der Heimat für ihn „zu eng" sind. Er sucht Weite, Fülle an Möglichkeiten, seine Sicht ist die auf „große Linie".

Ist er mehr der „geistige" Typ, so führt ihn die Sicht auf große Linie wohl bald zu weltanschaulichen, evtl. religiösen, später wahrscheinlich politischen Fragestellungen. Ihr Sohn sucht nach „Bedeutung" in seinem Leben, was auch heißen kann, nach einem „bedeutenden" Leben, und deshalb ist es für ihn so unmöglich, sich als „Rädchen" vorzustellen, denn mit einem Rädchen ist die Vorstellung von Bedeutungslosigkeit verbunden.

Natürlich liegt bei seinem Gespür für Macht der Gedanke an politische Tätigkeit nahe. Im Kindesalter äußert sich diese Richtung evtl. in frühem Interesse an Geschichte, Geografie, später dann auch an rechtlichen und in weiterem Sinne philosophischen Fragen. In der einen oder anderen Form sucht er ohnehin die Auseinandersetzung mit „kollektiven Kräften" oder mit den Trägern kollektiver Meinungsbildungen (was Autoritätspersonen an der Schule sein können, später an Institutionen politischer Art - es könnte aber auch in Richtung religiöser Institutionen gehen).

Hier wird sich dann seine „Lust an Diskussionen" (im Sinne von „Streit"-Gesprächen) austoben können, hier kann seine „Lust an der Kritik", die

35

Fähigkeit, mit sezierender Schärfe einen Gegner „auseinanderzunehmen" ein Feld finden, denn in der Politik ist Polemik ja durchaus gefragt.

♃+☉ □ ♅, ♂/♏, ♂ □ ☿

In all diesen Dingen spielt eine große Rolle immer wieder das Verhältnis von Ideal und Wirklichkeit, von Schein und Sein. Mit untersuchendem Spürsinn entdeckt er „Risse" im schönen Schein, kann mit sehr viel „moralischem Vorwurf" alle möglichen Unsauberkeiten aufdecken und kann die Sprache als ein Mittel der Aggression verwenden, sei es durch Schroffheiten, die er als Wahrheitsliebe ausgibt, sei es durch Haarspaltereien.

♌, ♂ in 12

Besonders stark reagiert er wahrscheinlich auf „Mißbrauch von Macht", wobei er u.U. genau das anprangert, was in seinem eigenen Wesen als Gefahr durchaus angelegt ist.

☉ ☌ ♃, ☉+♃/♌, ♃ □ ♂

Auf der anderen Seite hat er aber auch echte Toleranz: Jeder soll nach seiner eigenen Façon selig werden können. Er ist einfach in einem Konflikt zwischen Kompromißbereitschaft, auch einer Großzügigkeit (die aus einem inneren Gefühl von Würde erwächst) und auf der anderen Seite Angriffslust, Spaltungstrieb.

Die politische Szene ist m.E. zwar ein „geeigneter" Ort für das Ausleben all der beschriebenen Seiten, doch muß es nicht sein, daß Ihr Sohn diese Möglichkeit aufsucht. Es kann sein, daß er z.B. aus moralischen Gründen diese Probleme in den religiösen Bereich verlagert, es kann aber auch sein, daß er diese Probleme überhaupt nicht bewußt erlebt.

9. Feld und ♌

In diesem Fall äußert sich alles mehr indirekt: Ist er z.B. Kaufmann, so stellt er sich am ehesten wohl die Position des „Unternehmers" vor und denkt an „Welthandel". Eine andere Möglichkeit ist die, daß er als Kaufmann mit den Dingen, die ich oben beschrieben habe, als Ware zu tun hat, z.B. in den Bereichen der sog. Kulturindustrie. Wäre er Musiker, was ich mir nicht vorstellen kann, dann würde er es in Richtung Solist versuchen (nicht als Ensemble-Musiker jedenfalls) oder aber, noch besser, als Dirigent.

Man kann das „Höhere", nach dem man strebt, in einem mehr geistigen Sinn verstehen oder in einem mehr sozialen Sinn (als „hohes Prestige" etwa). Doch immer geht es um ein Grundproblem: meinem Leben eine „Bedeutung" geben zu können, und das heißt eigentlich: einen Sinn.

☽/♒, ♄ in 4, ☽ ⚹ ♄; 9. Feld und ☽ ♇ ⛢

Zu seinem Zuhause, seinen Eltern und evtl. Geschwistern, hat er ein eher gleichmütiges Verhältnis. Blutsverwandtschaft ist ihm eher eine Bürde: er zieht die Wahlverwandtschaft vor, die Gemeinschaft aufgrund gleicher Ideen, gleicher Ziele oder gleicher Wesensart. Er möchte sich die Menschen, mit denen er zusammenlebt, gern selbst aussuchen, empfindet es als Einschränkung seines Selbstbestimmungsrechtes, daß „einfach durch Geburt" schon bestimmte Menschen für ihn wichtig sein sollen. Es ist von daher zu erwarten, daß er sein Zuhause relativ früh verläßt.

♄ in 4, ☽ ⚹ ♄

Doch sein Verhältnis zu seiner Heimat, zur Sphäre seiner Herkunft, ist nicht bindungslos. Im Gegenteil wird sie immer in seinem Leben wichtig bleiben, doch mit einer bestimmten Tönung, die vermutlich eher etwas Kühles hat, die für ihn verbunden ist mit dem Gefühl von Eingeschränktsein. Das Verhältnis zu ihr mag von Verantwortung geprägt sein, kaum wird es aber von Liebe geprägt sein.

ħ in 4, ħ ✶ ☽

Inwieweit Sie als Eltern dazu beigetragen haben, können nur Sie selbst entscheiden. Es scheint, als sei durch irgendwelche Umstände in früher Kindheit sein „Schutzbedürfnis", das ein Kind braucht, um sich frei entwickeln zu können, nicht in dem Maße befriedigt worden, wie er es gebraucht hätte, daß er sich vielleicht (z.T. evtl. durch sein eigenes Verhalten provoziert?) auch nicht wirklich geliebt vorkam, sondern eher das Gefühl hatte (haben konnte?), daß zwar verantwortlich und korrekt aber vielleicht nicht liebevoll genug für ihn gesorgt wurde.

Es kann aber auch ganz anders sein, daß nämlich durch „Schicksal" trotz bester Bemühungen der Eltern seine frühe Kindheit Belastungen ausgesetzt war (vielleicht durch Trennungszeiten o.ä.). Was bleibt ist jedenfalls eine gewisse Ablehnung familiärer Intimität, die aus Angst entsteht, denn er braucht und sucht die Nähe und Sicherheit eigentlich. Bei manchen Menschen äußert sich dies dann auch indirekt: sie kaufen Land als ein Symbol für häusliche Sicherheit.

Kenntnistest

1 Was sind die „schnell aufsteigenden Zeichen", was die „langsam aufsteigenden Zeichen"? Wie kommt es zu diesem Unterschied?

2 Ein Planet steht in Haus 5, drei Grad von der Spitze von Haus 6 entfernt: Für welches Haus wird der Planet gedeutet? Begründen Sie Ihre Antwort.

3 | Was ist falsch an der Formulierung: Die Sonne *ist* mein Persönlichkeitskern (oder: symbolisiert meinen Persönlichkeitskern)? Oder: *Ist* meine „Mitte" (symbolisiert meine „Mitte")?

4 | Mit welchem Vergleich versuche ich den Unterschied zwischen „Addition der Elemente" und „Legierung" bei der Kombination mehrerer Horoskop-Faktoren zu veranschaulichen?

4 Nennen Sie in dem hier abgebildeten Horoskop die dominanten Planeten und bestimmen Sie auch den maximal bedeutsamen Planeten.

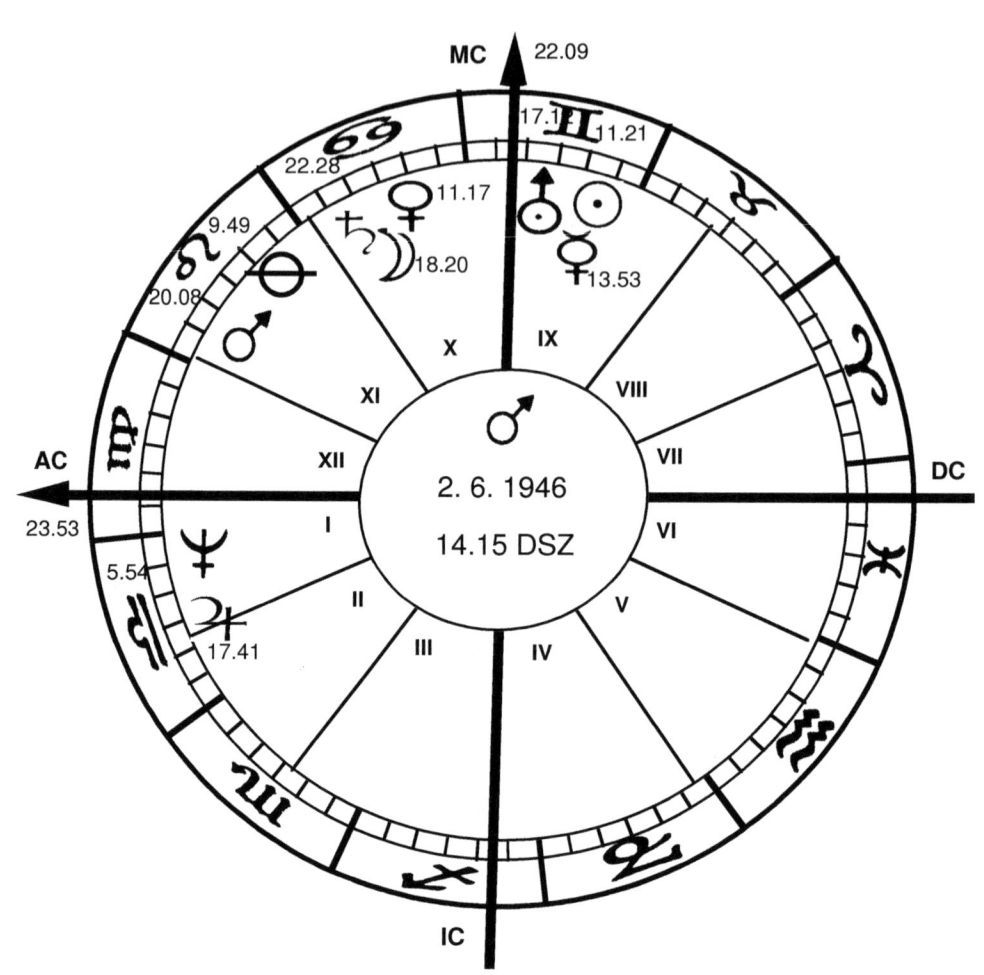

Lösungen zum Kenntnistest

1 **Was sind die „schnell aufsteigenden Zeichen", was die „langsam aufsteigenden Zeichen"? Wie kommt es zu diesem Unterschied?**

Zu den schnell aufsteigenden Zeichen gehören die Zeichen von Steinbock bis Zwilling, zu den langsam aufsteigenden Zeichen die von Krebs bis Schütze. Der Schnittpunkt von Horizont und Ekliptik bewegt sich schnell durch die Ekliptik, wenn Horizont und Ekliptik einen kleinen Winkel miteinander bilden, langsam, wenn sie einen großen Winkel miteinander bilden. Durch die Schrägstellung der Erdachse steht der Horizont in unseren Breiten steil zur Ekliptik, wenn die Winter- und Frühlingszeichen im Osten stehen. (Cassette 2)

2 **Ein Planet steht in Haus 5, drei Grad von der Spitze von Haus 6 entfernt: Für welches Haus wird der Planet gedeutet? Begründen Sie Ihre Antwort.**

Der Planet wird gedeutet, als stünde er in Haus 6. Bildet ein Planet eine Konjunktion mit einer Felderspitze, gehört er zu dem Feld, mit dessen Spitze er in Konjunktion steht, auch wenn er sich rein rechnerisch noch in dem vorhergehenden Feld befindet.
(Anmerkung: Dies wird übrigens nicht von allen Astrologen so gesehen.)

3 **Was ist falsch an der Formulierung: Die Sonne *ist* mein Persönlichkeitskern (oder: symbolisiert meinen Persönlichkeitskern)? Oder: *Ist* meine „Mitte" (symbolisiert meine „Mitte")?**

Jeder Planet verkörpert eine Antriebskraft, auch die Sonne. Ich *bin* nicht, was die Sonne zeigt. Ich *bin* das, was das Horoskop *als Ganzes* ausdrückt. Meine *Mitte* ist nicht die Sonne, sondern die gelungene Integration *aller* Façetten meines Horoskops. - Die Sonne ist die Kraft, die mich dazu drängt, in meiner Mitte zu sein, meinem Wesen gerecht zu werden, im Einklang mit meinem innersten Wesen zu handeln. Sie ist die Kraft, die mich meine Mitte suchen (und leben) läßt, nicht meine Mitte selbst. Wenn jemand die Sonne im Zeichen der Jungfrau hat und den Aszendenten im Zeichen Widder, dann ist er nicht *in Wirklichkeit* vorsichtig, weil die Sonne in der Jungfrau steht und *verhält sich nur* risikofreudig. Der Jungfrau-Anteil ist nicht wirklicher als der Widder-Anteil, der vom Aszendenten herrührt. (Cassette 1)

4 **Mit welchem Vergleich versuche ich den Unterschied zwischen „Addition der Elemente" und „Legierung" bei der Kombination mehrerer Horoskop-Faktoren zu veranschaulichen?**

Durch den Vergleich mit der gleichzeitigen Einnahme mehrerer Medikamente und der wechselseitigen Beeinflussung ihrer Wirkungen. (Einführung)

5 **Nennen Sie in dem hier abgebildeten Horoskop die dominanten Planeten und bestimmen Sie auch den maximal bedeutsamen Planeten.**

Dominant sind:

- Uranus (Konjunktion mit dem MC),

- Jupiter (Trigon zum MC),

- Saturn (Gradgenaues Sextil zum Aszendenten),

- Mars (Sextil zum MC),

- Pluto (Halbquadrat zum Aszendenten),

- Neptun (schwach, gerade noch erste Hälfte des 1. Feldes).

Indirekt dominant ist Merkur durch eine Betonung beider Merkur-Zeichen (Aszendent in der Jungfrau, Sonne Konjunktion Merkur in den Zwillingen).

Ein maximal bedeutsamer Planet ist sehr schwer zu bestimmen, da keiner der Planeten **deutlich** stärker gestellt ist als alle anderen. Uranus hat eine weite Konjunktion mit dem MC (und eine Konjunktion ist ein „großer" Aspekt), Saturn hat zwar nur ein Sextil zum Aszendenten, dies ist aber dafür gradgenau. Kein Planet ist doppelt dominant (durch Beziehung zu beiden Eckpunkten).

Als „Stilprinzip" dominiert das „Merkurhafte".

43
